The Gig Bag Book of
GUITAR
PICTURE
CHORDS

Over 1,000 standard chord forms presented in easy-to-read diagrams and clear, close-up photos.

P9-CAM-022

Cover photograph courtesy of the Randall Wallace Collection
Interior design and layout: Len Vogler

This book Copyright © 1995 by Amsco Publications,
A Division of Music Sales Corporation, New York

Order No. AM 931238
International Standard Book Number: 0.8256.1486.4

Exclusive Distributors:
Music Sales Corporation
257 Park Avenue South, New York, NY 10010 USA
Music Sales Limited
8/9 Frith Street, London W1D 3JB England
Music Sales Pty. Limited
120 Rothschild Street, Rosebery, Sydney, NSW 2018, Australia

Printed in the United States of America by
Vicks Lithograph and Printing Corporation

THE CHORD DIAGRAM

The chords are displayed as diagrams that represent the fingerboard of the guitar. There are six vertical lines representing the six strings of the guitar. Horizontal lines represent the frets. The strings are arranged with the high E (first, or thinnest) string to the right, and the low E (sixth, or thickest) to the left. The black circles indicate at which fret the finger is to be placed and the number tells you which finger to use. At the top of the diagram there is a thick black line indicating the nut of the guitar. Diagrams for chords up the neck just have a fret line at the top with a Roman numeral to the right to identify the first fret of the diagram. Above the chord diagram you will occasionally see x's and o's. An x indicates that the string below it is either not played or damped, an o simply means the string is played as an open string. At the bottom of the diagram are the note names that make up the chord. This information can be helpful when making up lead licks or chord solos. A curved line tells you to bar the strings with the finger shown; that is, lay your finger flat across the indicated strings.

The fingerings in this book might be different from fingerings you have encountered in other chord books. They were chosen for their overall practicality in the majority of situations.

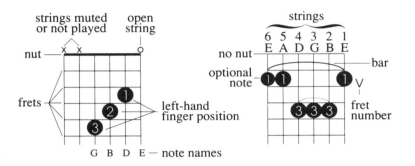

THE PHOTO

The photo to right of each chord diagram shows you what your hand should look like on the guitar fingerboard. You will notice that the finger positions in some of the photos are a little to the right or left of the frame. This is done to show the particular chord form's proximity to either the twelfth fret or the nut of the guitar. This makes it easier to recognize the relative position on the fretboard at a glance.

Although the photos are a visual reference, all of the fingers in a given shot may not be in a proper playing position. We have sometimes moved unused fingers *out of the way,* to give you a better look at where the fretting fingers are placed. For instance, when playing the A♭sus4 shown in the photograph below, your second and third finger should not be tucked under the neck, they would be relaxed and extended upward over the fingerboard. Make sure your fingers are comfortable and that you are capable of moving them easily from one chord position to another.

ALTERNATE CHORD NAMES

This chord encyclopedia uses a standard chordnaming approach, but when playing from sheet music or using other music books, you will find alternative chord names or symbols. Below is a chart by which you can cross reference alternative names and symbols with the ones used in this book.

CHORD SYMBOL	CHORD NAME	ALTERNATE NAME OR SYMBOL
	major	M; Maj
m	minor	m; min; -
6	sixth	major6; Maj6; M6
m6	minor sixth	minor6; m6; min6; -6
6/9	six nine	6(add9); Maj6(add9); M6(add9)
maj7	major seventh	major7; M7; Maj7; Δ7
7	dominant seventh	dominant seventh; dom
7♭5	seventh flat five	7(♭5); 7(-5)
7♯5	seventh sharp five	+7; 7(+5); aug7
m7	minor seventh	minor seven; m7; min7; -7
m(maj7)	minor with a major seventh	minor(major7); m(M7); min(Maj7); major7; m(+7); -(M7); min(addM7)
m7♭5	minor seventh flat five	°7; ½dim; ½dim7; m7(♭5); m7(-5)
°7	diminished seventh	°; dim; dim7
9	ninth	7(add9)
9♭5	ninth flat five	9(♭5); 9(-5)
9♯5	ninth sharp five	+9; 9(+5); aug9
maj9	major ninth	major 9; M9; Δ9; Maj7(add9); M7(add9)
m9	minor ninth	minor9; m9; min9
m11	minor eleventh	minor11; m11; min11
13	thirteenth	7(add13); 7(add6)
maj13	major thirteen	major13; M13; Δ13; Maj7(add13); M7(add13); M7(add6)
m13	minor thirteen	minor13; m13; -13; min7(add13); m7(add13); -7(add13)
sus4	suspended fourth	(sus4)

C

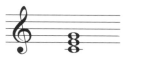

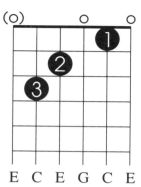

E C E G C E

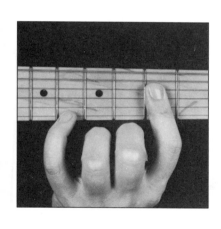

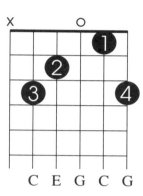

C E G C G

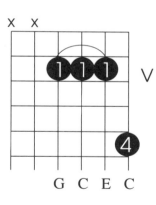

V

G C E C

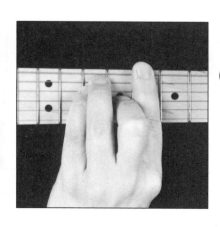

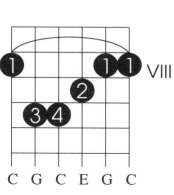

VIII

C G C E G C

5

C

G C E G C E

G C G C E C

C E G C E

E   C G C

Csus4

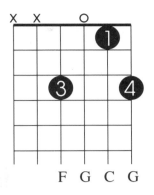

X   X   O

F   G   C   G

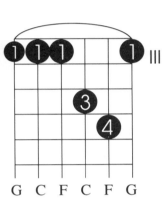

III

G   C   F   C   F   G

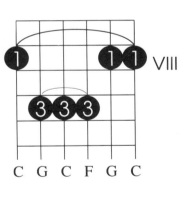

VIII

C   G   C   F   G   C

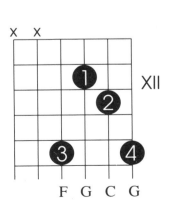

X   X

XII

F   G   C   G

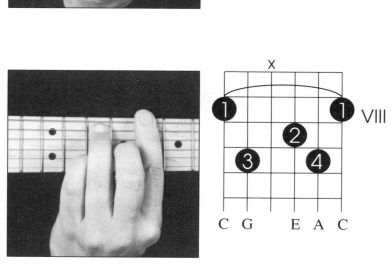

C6

G   E A C

C G C E A

C   A E G   VII

C G   E A C   VIII

8

C6/9

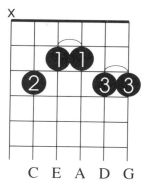

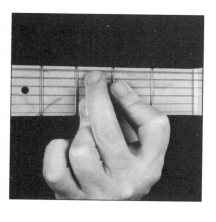

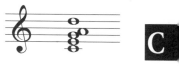

C E A D G

V

C　G D E A

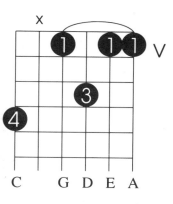

VII

E A D G C

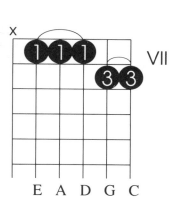

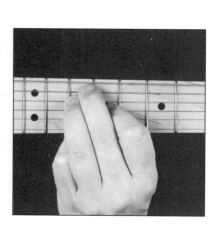

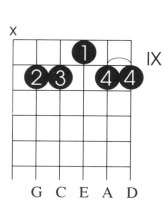

IX

G C E A D

9

Cmaj7

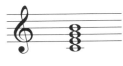

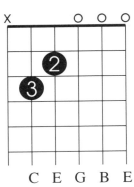

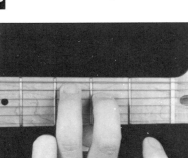

X   O   O   O

C   E   G   B   E

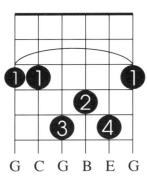

G   C   G   B   E   G

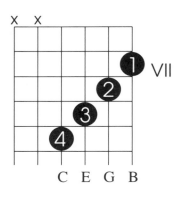

X   X

VII

C   E   G   B

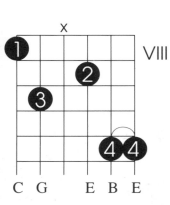

X

VIII

C   G   E   B   E

Cmaj9

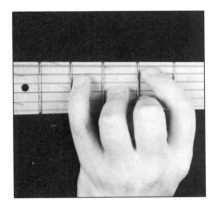

C G B D E

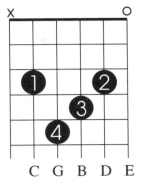

VII

E C D G B

Cmaj13

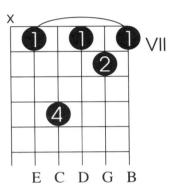

C B E A

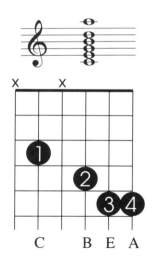

VII

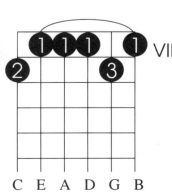

C E A D G B

Cm

X   O   X

②   ①
④

C   Eb   G   C

X   X

①
② ③
④

IV

Eb   G   C   Eb

X   X

①

④ ④ ④

V

G   Eb   G   C

X   X

①
②
③
④

X

Eb   C   G   C

12

Cm

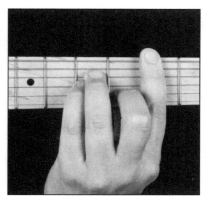

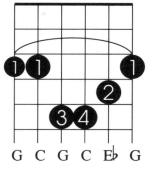

G C G C E♭ G

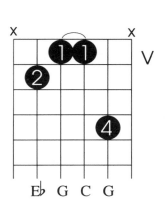

V

E♭ G C G

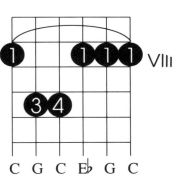

VIII

C G C E♭ G C

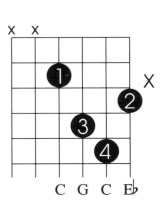

X

C G C E♭

13

Cm6

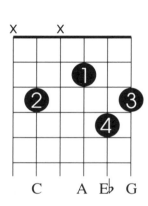

A E♭ G C G

C   A E♭ G

VII

C   A E♭ G

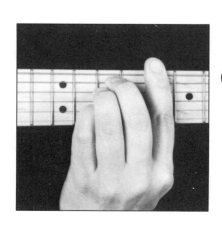

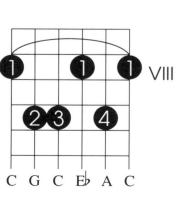

VIII

C G C E♭ A C

Cm7

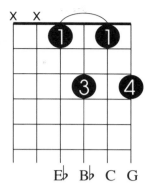

Eb Bb C G

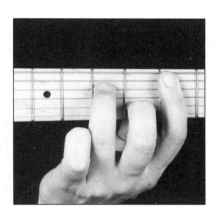
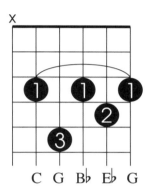

C G Bb Eb G

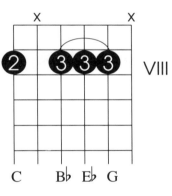

VIII

C Bb Eb G

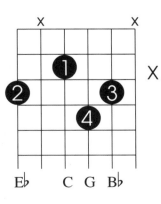

X

Eb C G Bb

C Cm(maj7)

C G B E♭ G

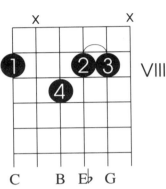

VIII

C B E♭ G

Cm9

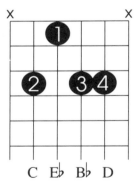

C E♭ B♭ D

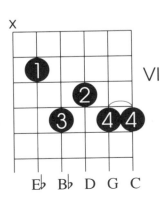

VI

E♭ B♭ D G C

16

Cm11

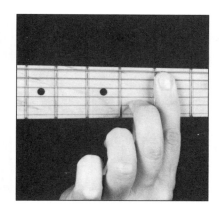

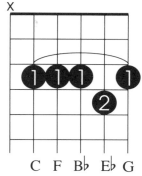

C F Bb Eb G

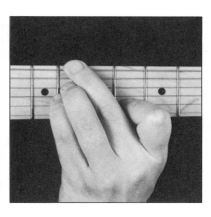

VI

C Bb Eb F

Cm13

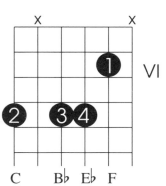

C Bb Eb A

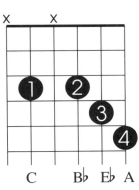

VIII

C G Bb Eb A C

C Cm7♭5

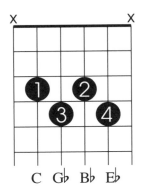

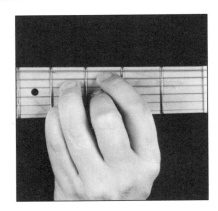

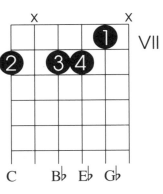

C Gb Bb Eb

VII

C Bb Eb Gb

C°7

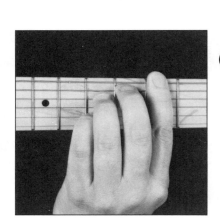

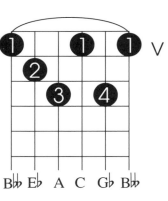

V

Bbb Eb A C Gb Bbb

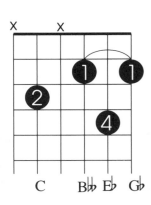

C Bbb Eb Gb

C7

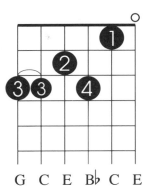

G C E B♭ C E

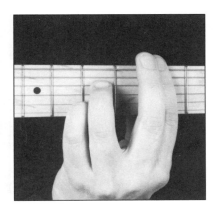
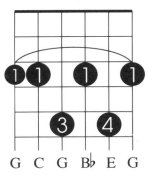

G C G B♭ E G

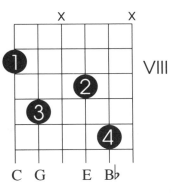

VIII

C G E B♭

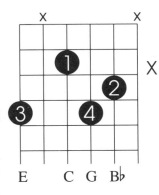

X

E C G B♭

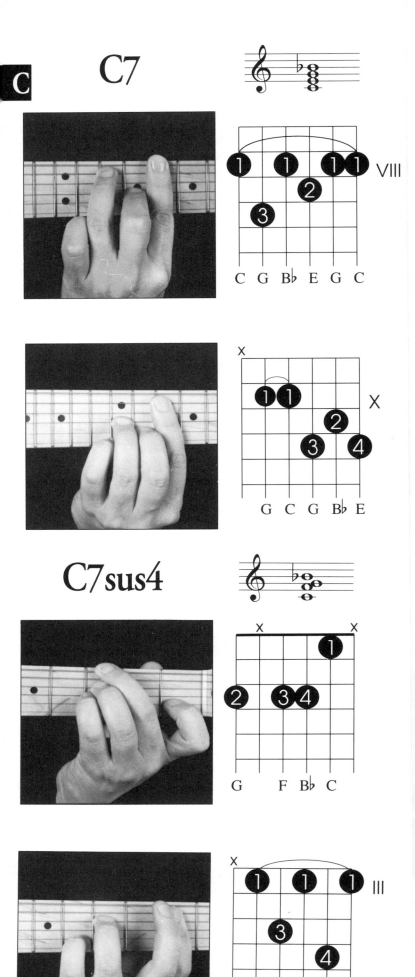

C C7

C G Bb E G C

G C G Bb E

C7sus4

G F Bb C

C G Bb F G

C7♭5

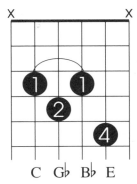

C G♭ B♭ E

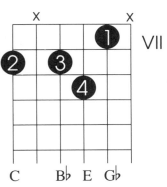

VII

C B♭ E G♭

C7♯5

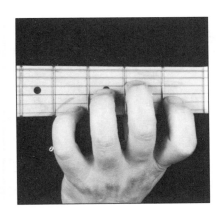

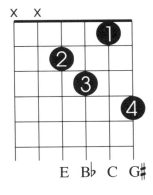

E B♭ C G♯

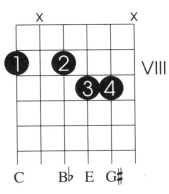

VIII

C B♭ E G♯

21

C9

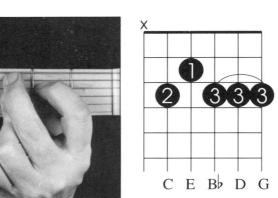

C E B♭ D G

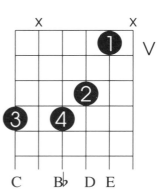

V

C B♭ D E

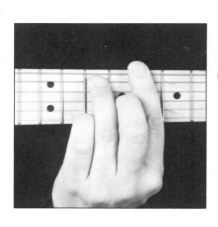

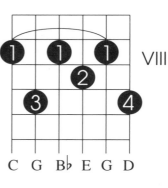

VIII

C G B♭ E G D

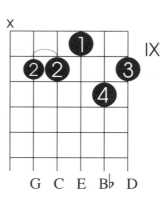

IX

G C E B♭ D

C9sus4

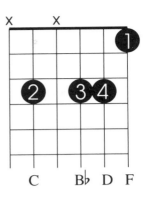

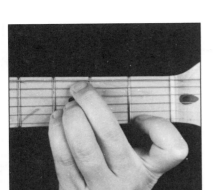

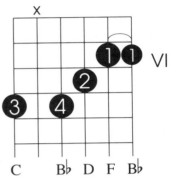

C   Bb   D   F

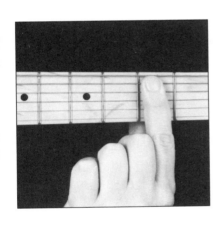

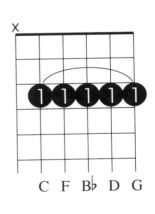

VI

C   Bb   D   F   Bb

C   F   Bb   D   G

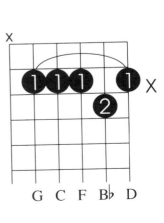

X

G   C   F   Bb   D

C9♭5

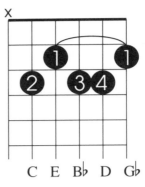

C E B♭ D G♭

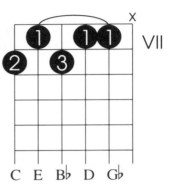

VII

C E B♭ D G♭

C9♯5

E B♭ D G♯ C E

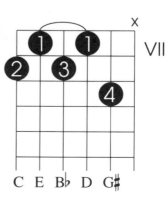

VII

C E B♭ D G♯

C13

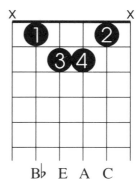

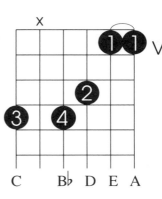

Bb E A C

V

C   Bb D E A

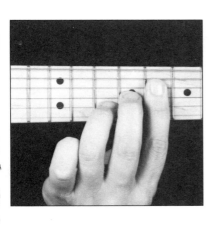
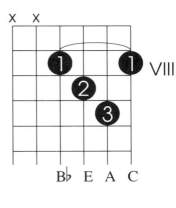

VIII

Bb E A C

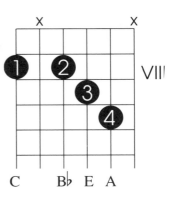

VIII

C   Bb E A

C#

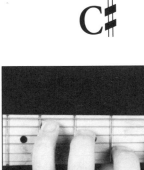 

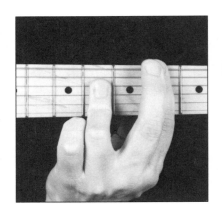 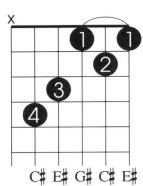

C# E# G# C# E#

 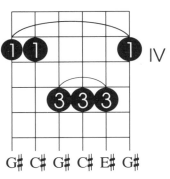

G# C# G# C# E# G#   IV

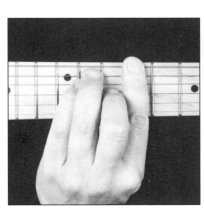 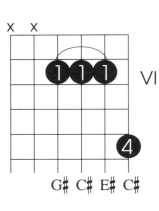

G# C# E# C#   VI

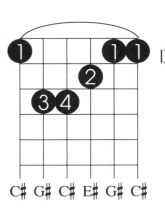

C# G# C# E# G# C#   IX

C#

G#   E# G# C#

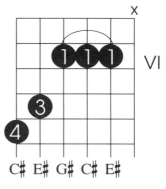

VI

C# E# G# C# E#

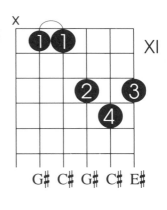

XI

G# C# G# C# E#

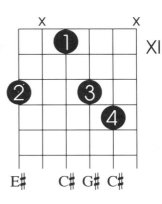

XI

E#   C# G# C#

C#sus4

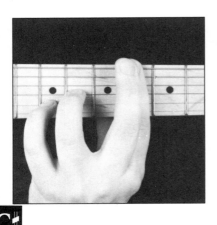

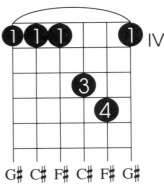

G# C# F# C# F# G#   IV

C#

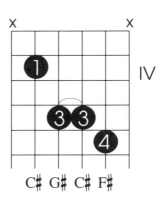

x   x

G# C# F# G#   IV

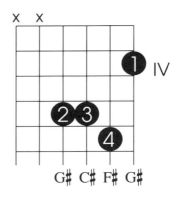

x   x

C# G# C# F#   IV

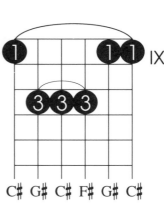

C# G# C# F# G# C#   IX

28

C#6

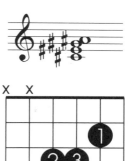

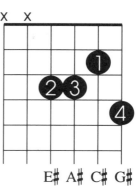

E# A# C# G#

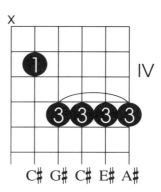

IV

C# G# C# E# A#

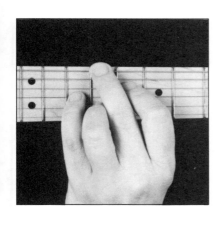

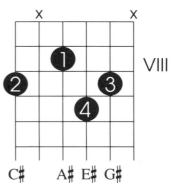

VIII

C# A# E# G#

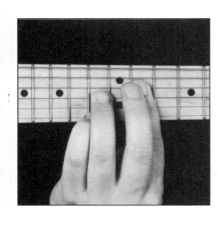

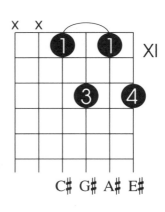

XI

C# G# A# E#

C#6/9

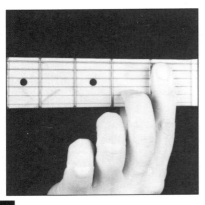

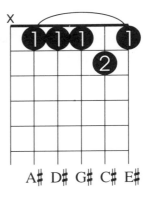

A# D# G# C# E#

C#

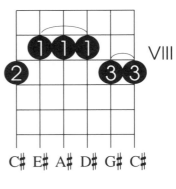

VI

C# G# D# E# A#

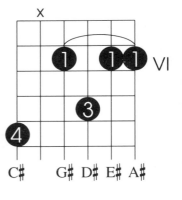

VIII

C# E# A# D# G# C#

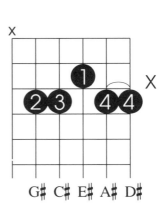

X

G# C# E# A# D#

C#maj7

C# E# G# B# E#

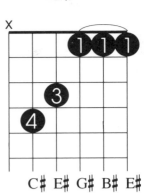

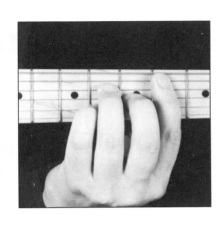

C# G# B# E# G# IV

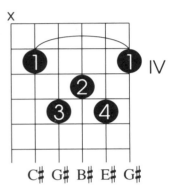

C# E# G# B# VIII

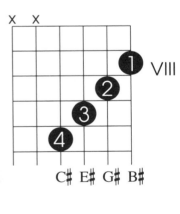

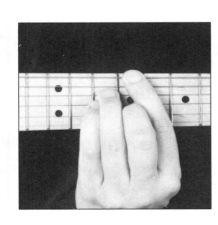

C# B# E# G# IX

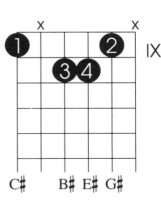

31

C#maj9

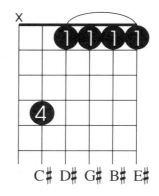

C# D# G# B# E#

C#

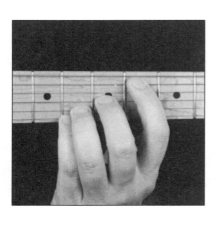

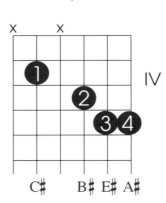

IX

C#   B# E#   D#

C#maj13

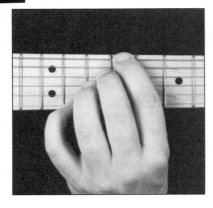

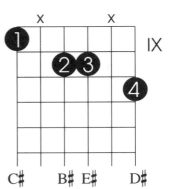

IV

C#   B# E# A#

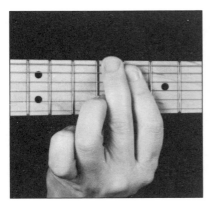

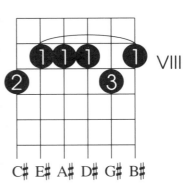

VIII

C# E# A# D# G# B#

C#m

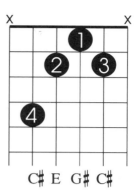

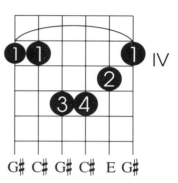

C# E G# C#

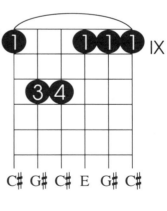

IV

G# C# G# C# E G#

IX

C# G# C# E G# C#

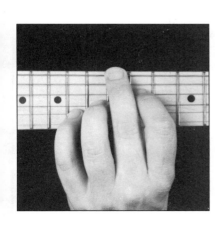

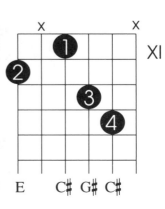

XI

E   C# G# C#

33

C#m

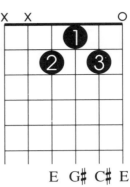

E G# C# E

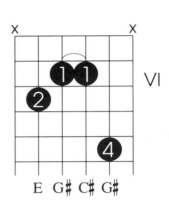

VI

E G# C# G#

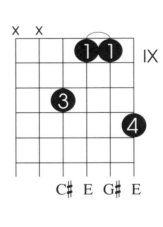

IX

C# E G# E

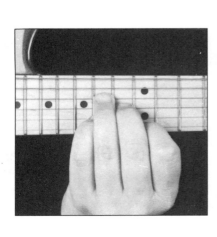

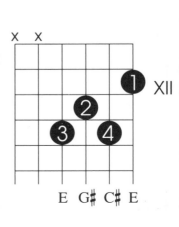

XII

E G# C# E

C#m6

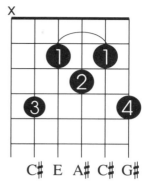

C# E A# C# G#

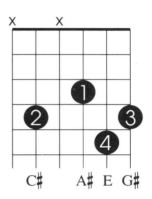

C#

C# A# E G#

VIII

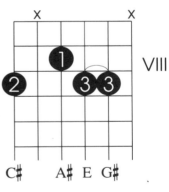

C# A# E G#

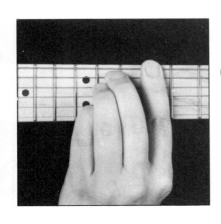

IX

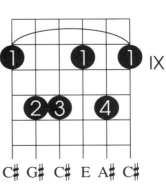

C# G# C# E A# C#

C#m7

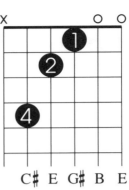

C# E G# B E

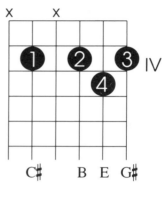

IV

C# B E G#

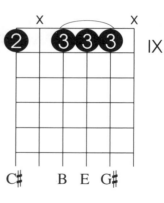

IX

C# B E G#

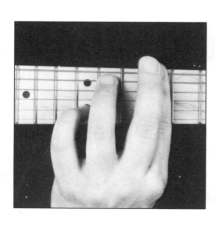

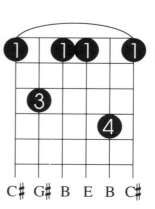

IX

C# G# B E B C#

36

C#m(maj7)

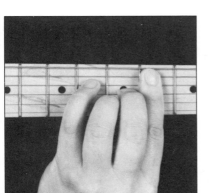
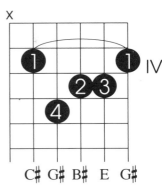

C# G# B# E G#

IV

C# G# B# E G# C#

IX

C#m9

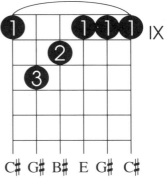

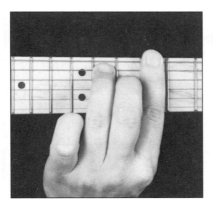

C# E B D#

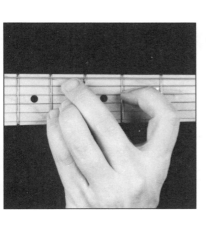

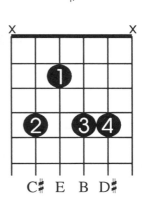

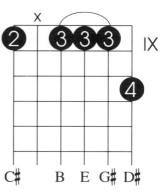

C# B E G# D#

IX

C#m11

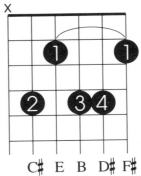

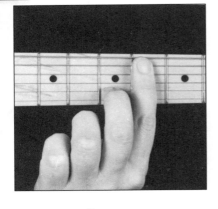

C# E B D# F#

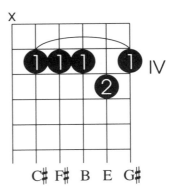

C# F# B E G#   IV

C#m13

C#   B E A#   IV

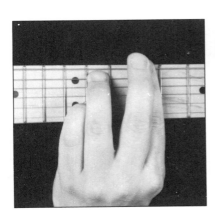

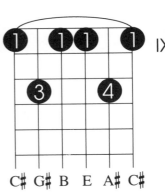

C# G# B E A# C#   IX

C#m7b5

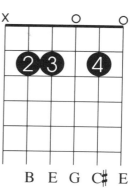

X   O   O

2 3   4

B   E   G   C#   E

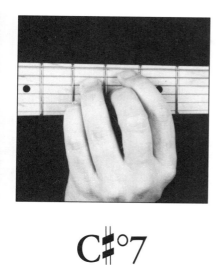

X   X

1   2

3   4

C#   G   B   E

IV

C#°7

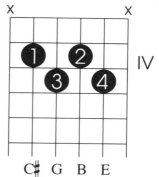

X   X

1   2

3   4

E   Bb   C#   G

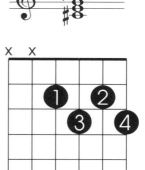

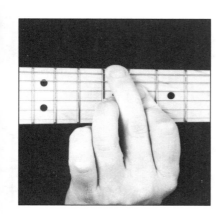

X   X

1   1

2   3

VIII

C#   Bb   E   G

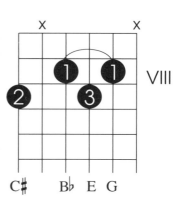

39

C#7

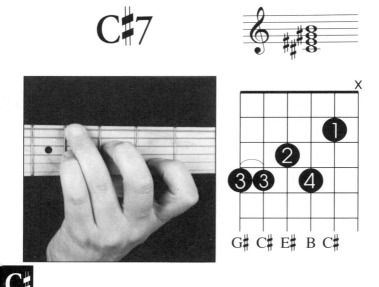

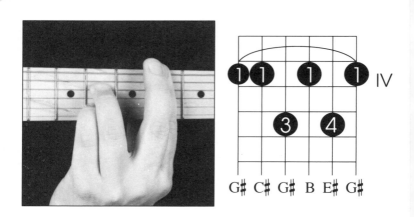

G# C# E# B C#

C#

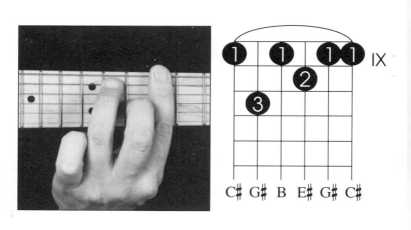

G# C# G# B E# G# IV

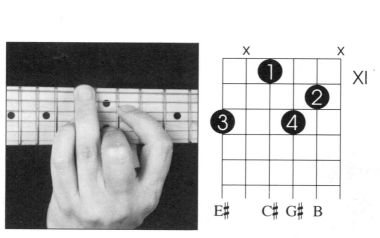

C# G# B E# G# C# IX

E# C# G# B XI

40

C#7

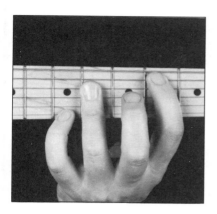

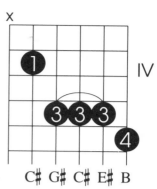

| C# | G# | C# | E# | B |

IV

C#

| G# | C# | G# | B# | E# |

XI

C#7sus4

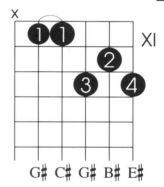

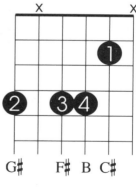

| G# | | F# | B | C# |

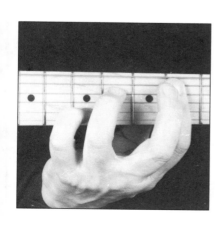

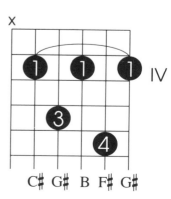

| C# | G# | B | F# | G# |

IV

41

C#7b5

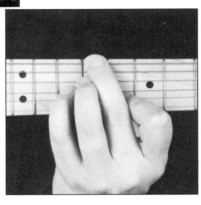

G   E# B C#

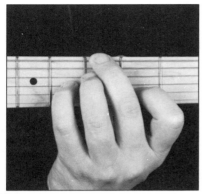

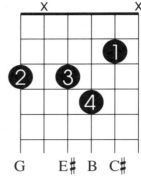

VIII

C#   B E# G

C#7#5

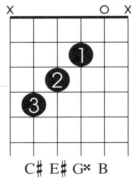

C# E# G× B

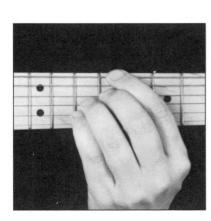

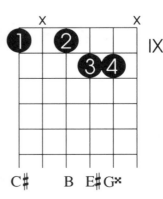

IX

C#   B E# G×

C#9

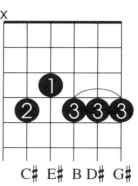

C# E# B D# G#

C#

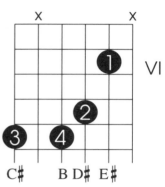

VI

C#　　B D# E#

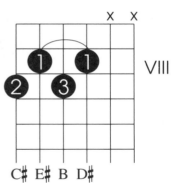

VIII

C# E# B D#

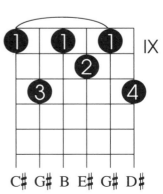

IX

C# G# B E# G# D#

C#9sus4

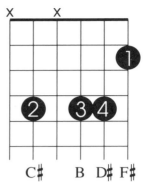

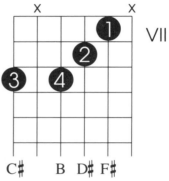

C#   B D# F#

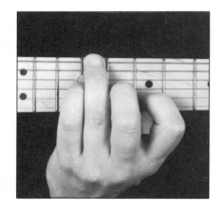

C#   B D# F#   VII

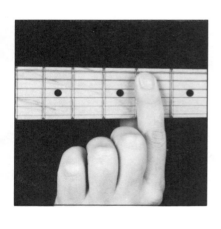

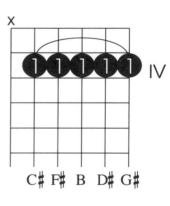

C# F# B D# G#   IV

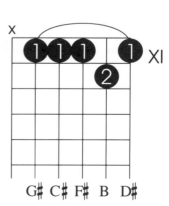

G# C# F# B D#   XI

44

C#9♭5

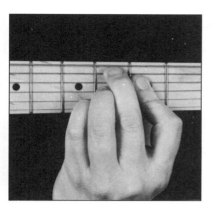

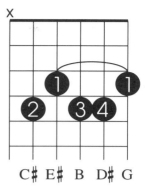

C# E# B D# G

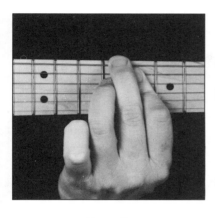

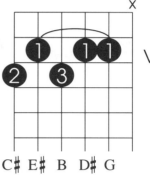

VIII

C# E# B D# G

C#9#5

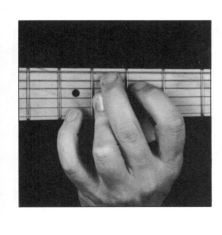

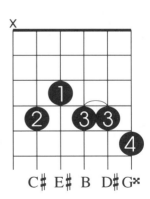

C# E# B D# G×

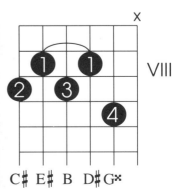

VIII

C# E# B D# G×

45

C#13

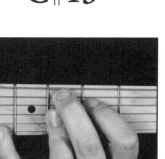

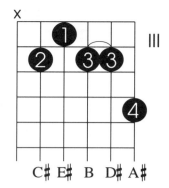

X

	1				
2			3	3	
					4

III

C# E# B D# A#

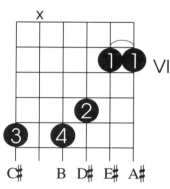

X

				1	1
			2		
3		4			

VI

C#   B D# E# A#

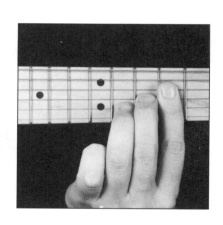

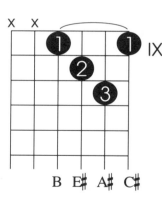

X X

	1			1	
		2			
			3		

IX

B E# A# C#

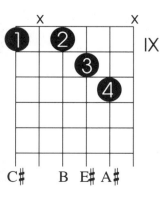

X   X

1		2			
			3		
				4	

IX

C#   B E# A#

46

D

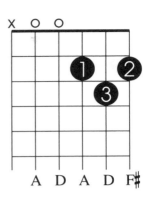

A D A D F#

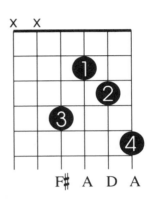

F# A D A

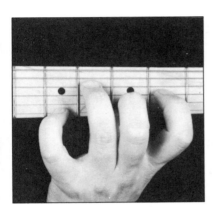

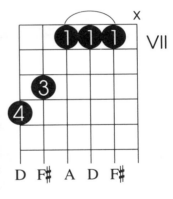

VII

D F# A D F#

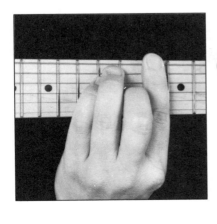

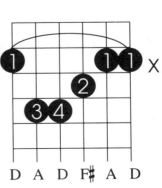

X

D A D F# A D

47

D

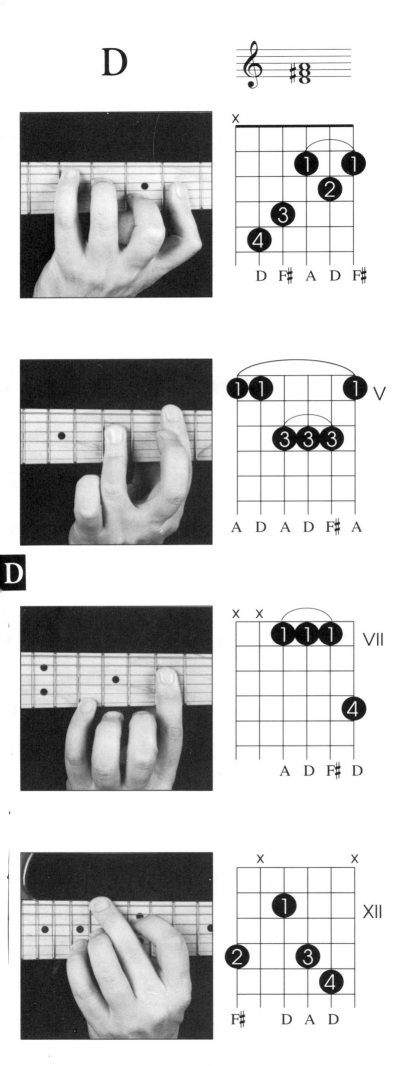

D   F#   A   D   F#

A   D   A   D   F#   A

V

D

A   D   F#   D

VII

F#   D   A   D

XII

48

Dsus4

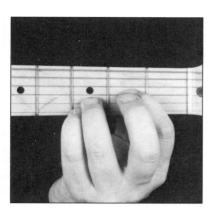

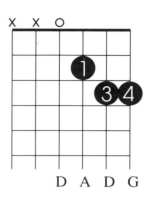

X X O

D A D G

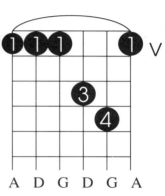

V

A D G D G A

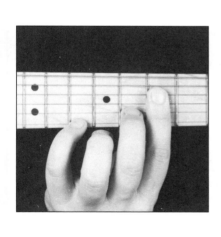

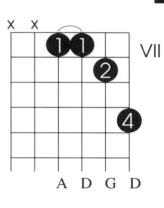

X X

VII

A D G D

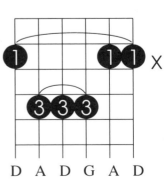

X

D A D G A D

D

49

D6

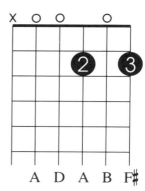

X O O O
2 3
A D A B F#

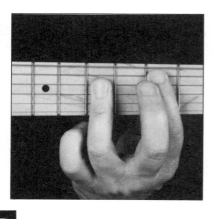

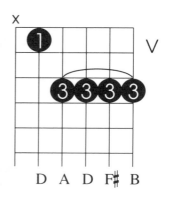

X
1
V
3 3 3 3
D A D F# B

D

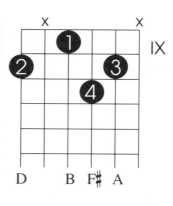

X X
1 IX
2 3
4
D B F# A

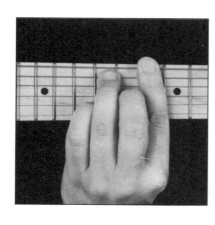

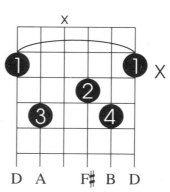

X
1 1 X
2
3 4
D A F# B D

D6/9

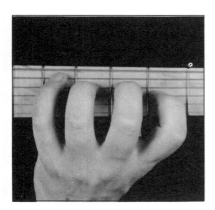

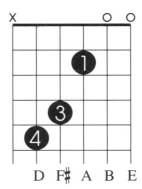

D F# A B E

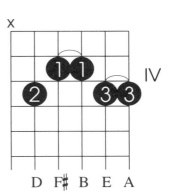

IV

D F# B E A

D

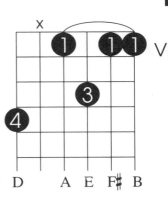

VII

D A E F# B

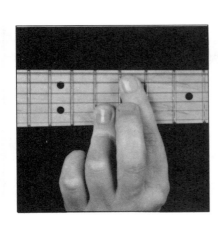

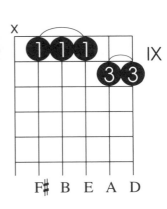

IX

F# B E A D

Dmaj7

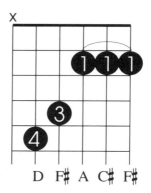

D F# A C# F#

V

D A C# F# A

D

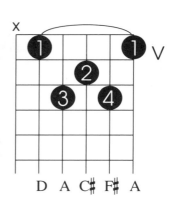

VII

A D F# C#

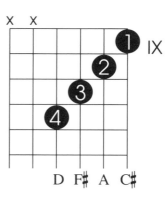

IX

D F# A C#

Dmaj9

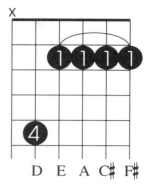

X

D E A C# F#

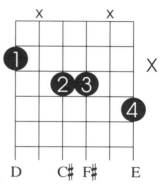

X

D C# F# E

Dmaj13

D

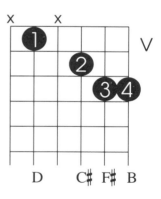

V

D C# F# B

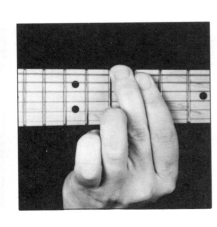

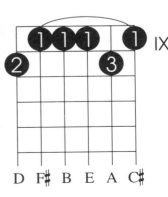

IX

D F# B E A C#

53

Dm

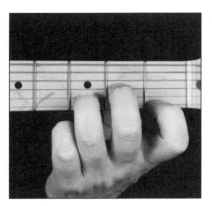
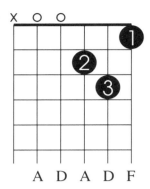

X O O

A D A F

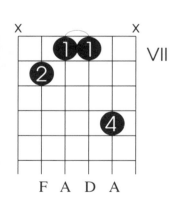

V

A D A D F A

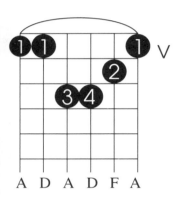

X X

VII

F A D A

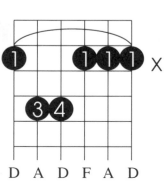

X

D A D F A D

Dm

D F A D

VI

F A D F

D

VII

A F A D

XII

F D A D

Dm6

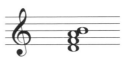

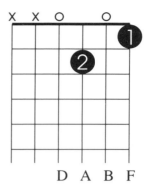

D A B F

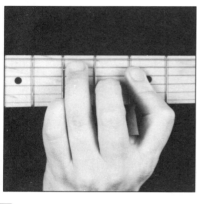
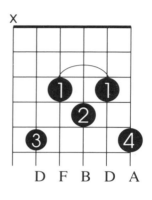

D F B D A

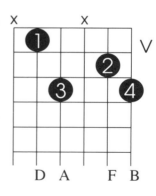

V

D A F B

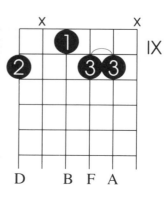

IX

D B F A

Dm7

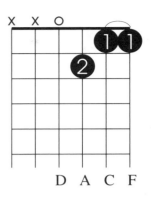

X X O

D A C F

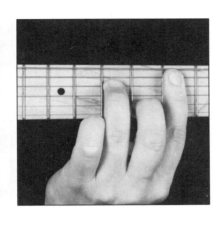
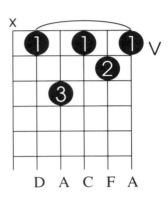

X

V

D A C F A

D

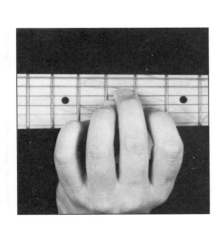
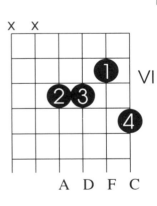

X X

VI

A D F C

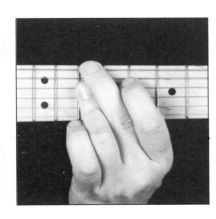
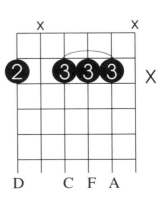

X X

X

D C F A

57

Dm(maj7)

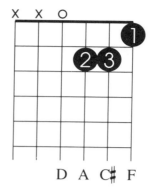

D A C# F

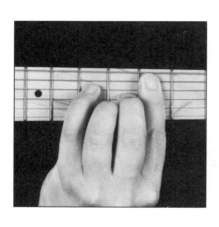

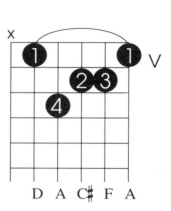

D A C# F A

Dm9

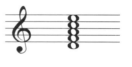

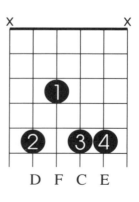

D F C E

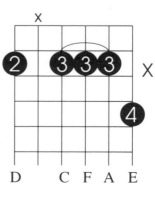

D C F A E

Dm11

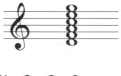

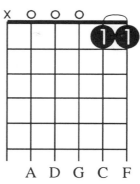

A D G C F

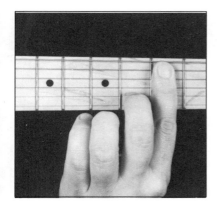

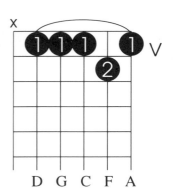

D G C F A

Dm13

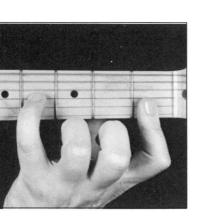

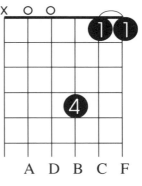

A D B C F

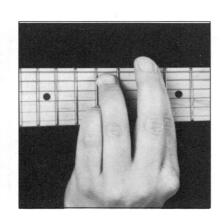

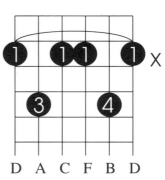

D A C F B D

Dm7♭5

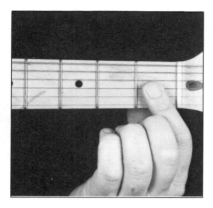

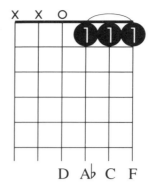

D A♭ C F

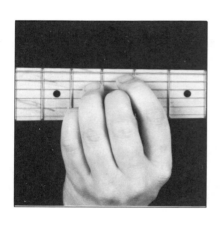

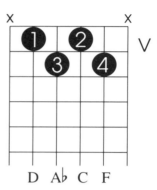

D A♭ C F   V

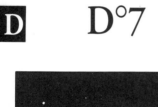 **D°7**

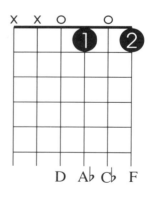

D A♭ C♭ F

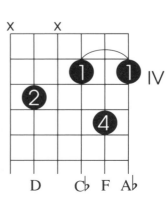

D   C♭ F A♭   IV

D7

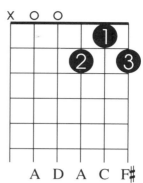

A D A C F#

III

A D F# C D

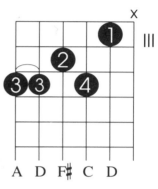

D

V

A D A C F# A

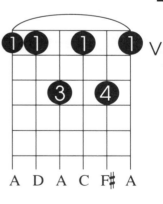

X

D A C F# A D

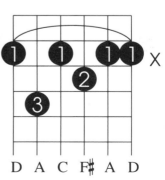

61

D7

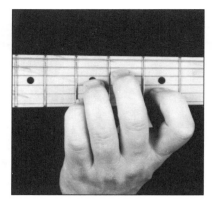

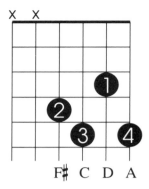

X X

F# C D A

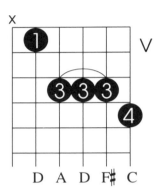

X

V

D A D F# C

D D7sus4

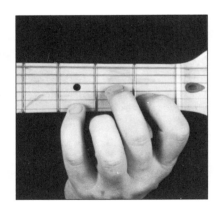

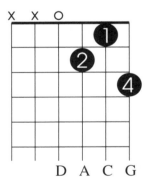

X X O

D A C G

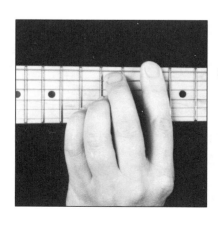

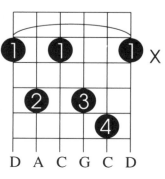

X

D A C G C D

D7♭5

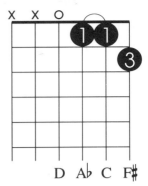

X X O

D A♭ C F♯

X X

V

D A♭ C F♯

D7♯5

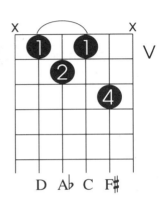

D

X X O

D A♯ C F♯

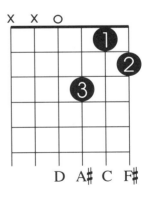

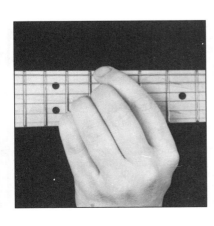

X X

X

D C F♯ A♯

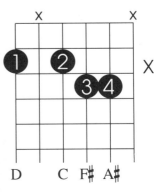

D9

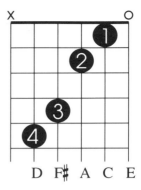

X   O

D F# A C E

X

D F# C E A

D

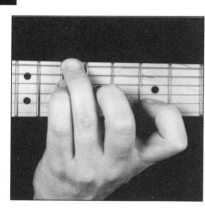

X   X

VII

D   C E F#

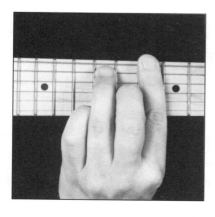

X

D A C F# A E

D9sus4

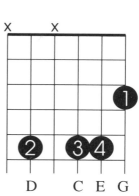

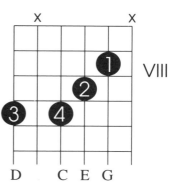

D

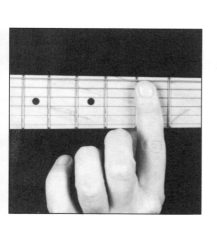
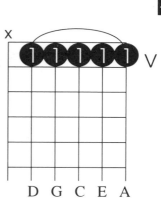

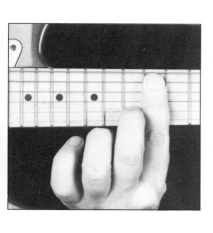
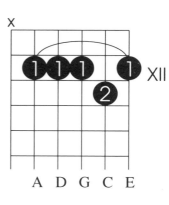

65

D9♭5

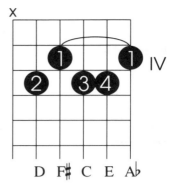

IV

D F# C E A♭

IX

D F# C E A♭

D9#5

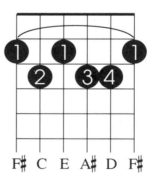

F# C E A# D F#

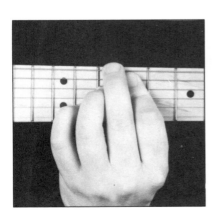
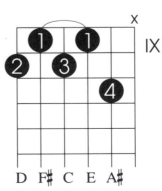

IX

D F# C E A#

D13

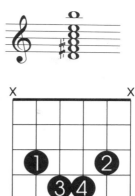

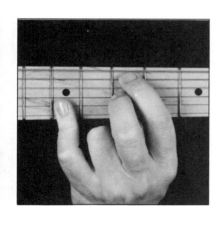

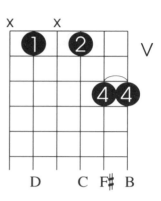
C F# B D

V
D C F# B

D

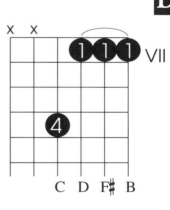
X X
VII
C D F# B

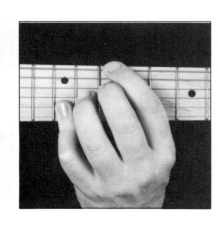

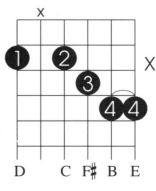
X
X
D C F# B E

67

E♭

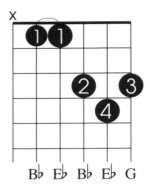

Bb Eb Bb Eb G

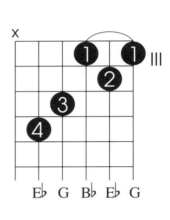

III

Eb G Bb Eb G

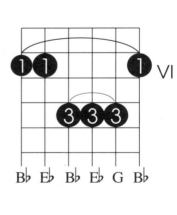

VI

Bb Eb Bb Eb G Bb

E♭

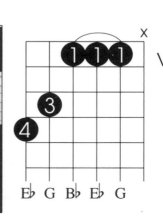

VIII

Eb G Bb Eb G

68

E♭

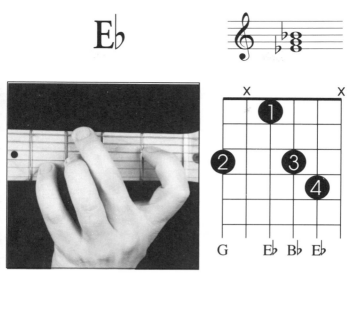

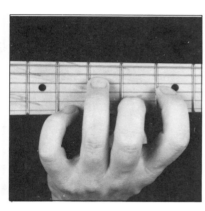

X   X

① ② ③ ④

G   E♭   B♭   E♭

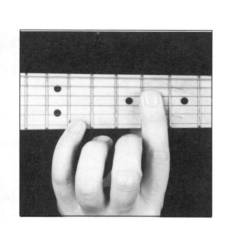

X   X

III

① ② ③ ④

G   B♭   E♭   B♭

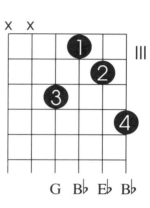

X   X

VIII

① ① ①   ④

B♭   E♭   G   E♭

E♭

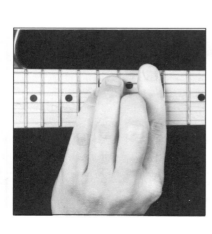

XI

① ② ③ ④ ① ①

E♭   B♭   E♭   G   B♭   E♭

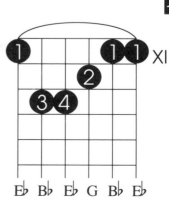

69

E♭sus4

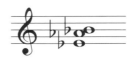

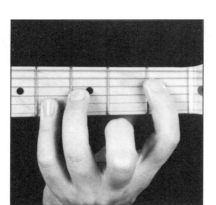

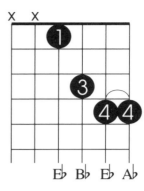

X X

E♭ B♭ E♭ A♭

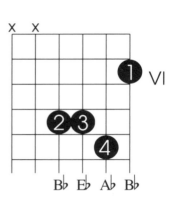

X X

VI

B♭ E♭ A♭ B♭

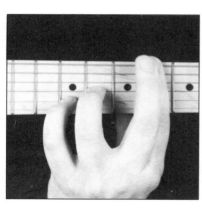

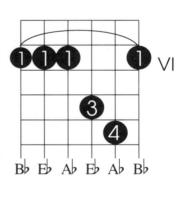

VI

B♭ E♭ A♭ E♭ A♭ B♭

E♭

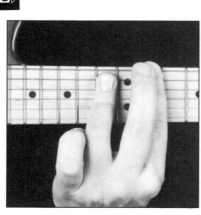

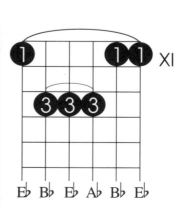

XI

E♭ B♭ E♭ A♭ B♭ E♭

E♭6

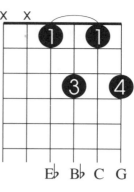

Eb Bb C G

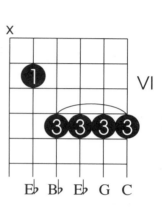

VI

Eb Bb Eb G C

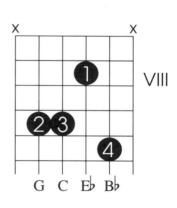

VIII

G C Eb Bb

E♭

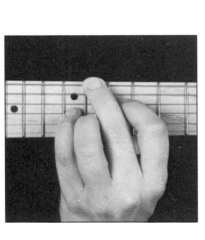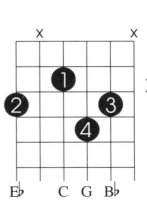

X

Eb C G Bb

Eb6/9

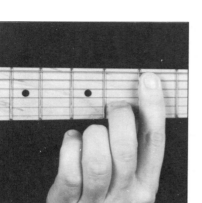

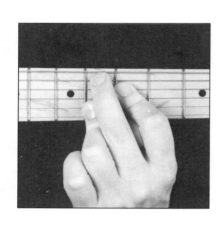

C F Bb Eb G

Eb G C F Bb

V

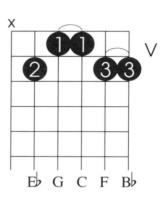

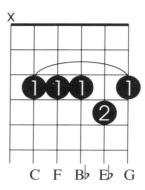

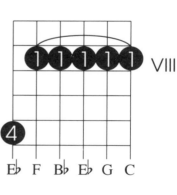

Eb F Bb Eb G C

VIII

Eb

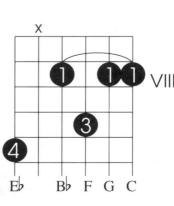

Eb Bb F G C

VIII

72

E♭maj7

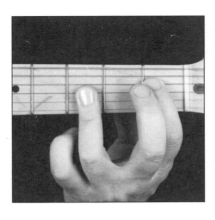

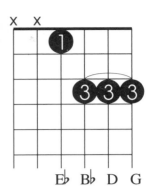

E♭ B♭ D G

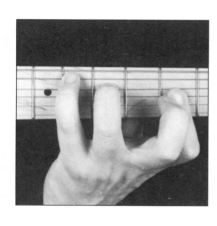

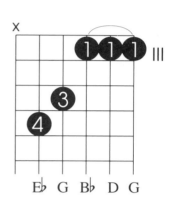

III

E♭ G B♭ D G

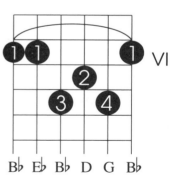

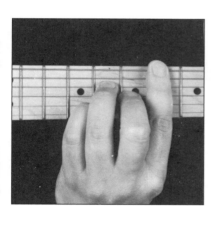

VI

B♭ E♭ B♭ D G B♭

E♭

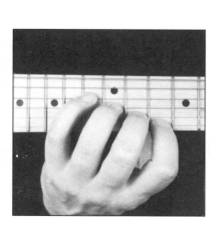

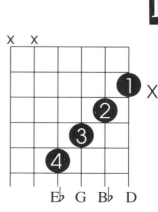

X

E♭ G B♭ D

E♭maj9

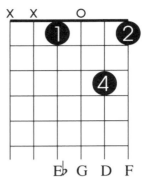

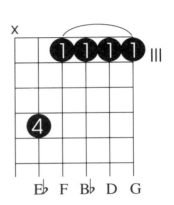

X X O

1 2
4

E♭ G D F

X

1 1 1 1 III
4

E♭ F B♭ D G

E♭maj13

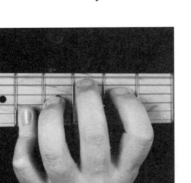

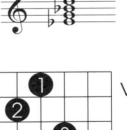

X

1
2
3
4 4 V

E♭ G D G C

E♭

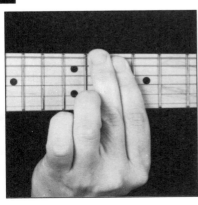

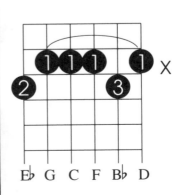

1 1 1 1 X
2 3

E♭ G C F B♭ D

E♭m

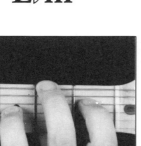

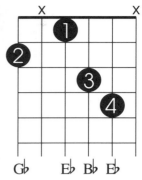

G♭ E♭ B♭ E♭

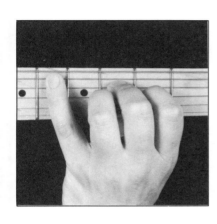

III

E♭ G♭ B♭ E♭

VII

G♭ B♭ E♭ G♭

E♭

XI

E♭ B♭ E♭ G♭ B♭ E♭

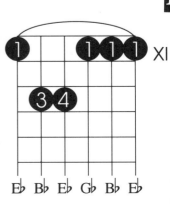

E♭m

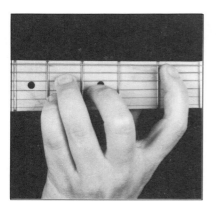

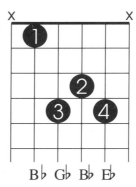

B♭ G♭ B♭ E♭

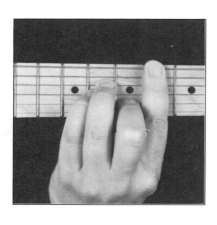

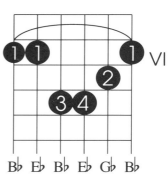

VI

B♭ E♭ B♭ E♭ G♭ B♭

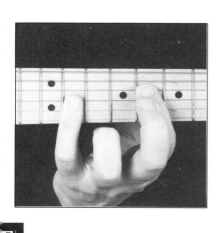

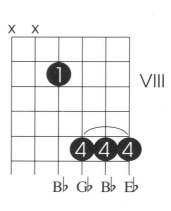

VIII

B♭ G♭ B♭ E♭

E♭

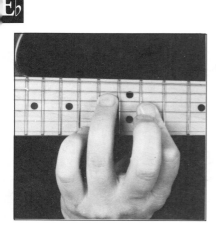

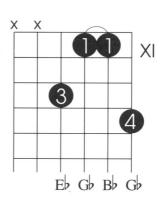

XI

E♭ G♭ B♭ G♭

76

E♭m6

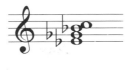

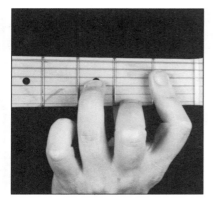
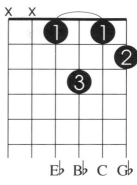

E♭ B♭ C G♭

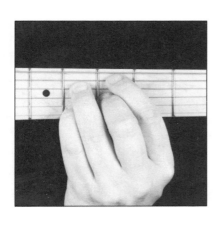
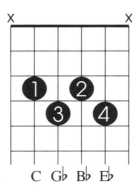

C G♭ B♭ E♭

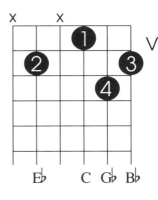

E♭ C G♭ B♭

V

E♭

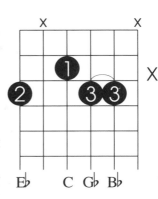

E♭ C G♭ B♭

X

E♭m7

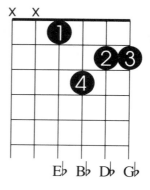

X X

① ② ③ ④

E♭ B♭ D♭ G♭

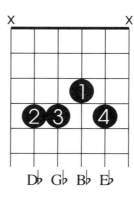

X X

① ② ③ ④

D♭ G♭ B♭ E♭

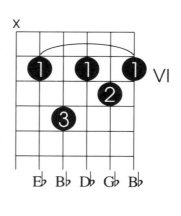

X

① ① ① ② ③

VI

E♭ B♭ D♭ G♭ B♭

E♭

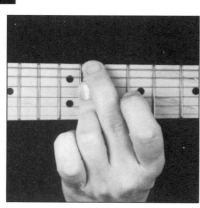
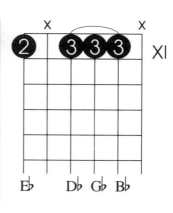

X X

② ③ ③ ③

XI

E♭ D♭ G♭ B♭

E♭m(maj7)

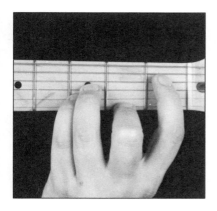

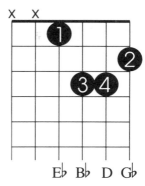

E♭ B♭ D G♭

VI

E♭ B♭ D G♭ B♭

E♭m9

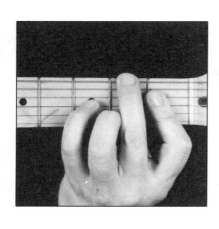

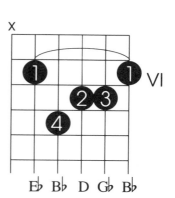

G♭ E♭ B♭ D♭ F

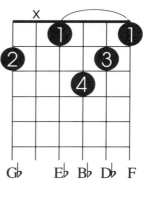

XI

E♭ D♭ G♭ B♭ F

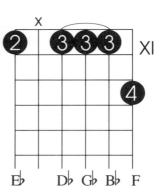

E♭

79

Ebm11

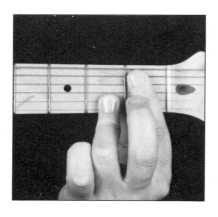

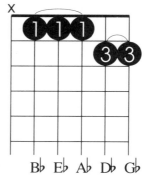

Bb Eb Ab Db Gb

XI

Eb Ab Db Gb Bb Eb

Ebm13

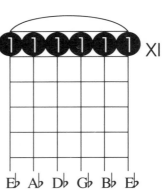

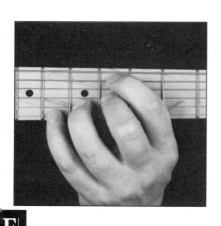

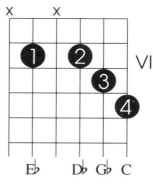

VI

Eb   Db Gb C

Eb

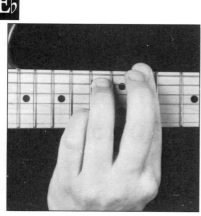

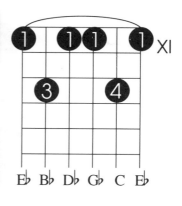

XI

Eb Bb Db Gb C Eb

E♭m7♭5

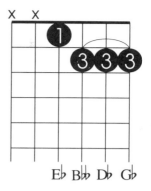

X X

Eb Bbb Db Gb

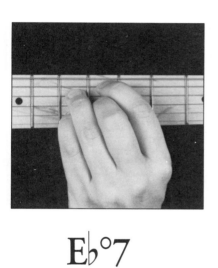
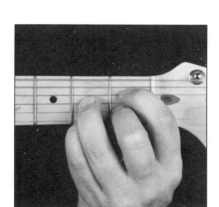

X X VI

Eb Bbb Db Gb

E♭°7

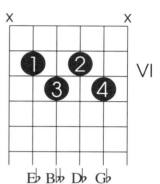

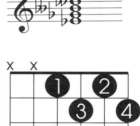

X X

Eb Bbb Dbb Gb

Eb

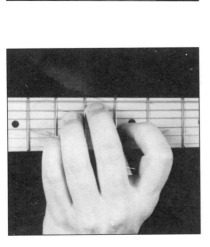
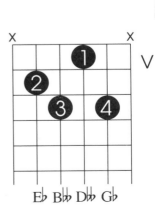

X X V

Eb Bbb Dbb Gb

E♭7

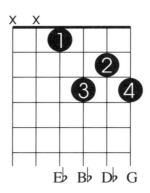

Eb Bb Db G

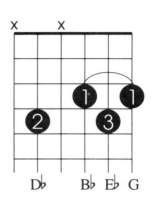

Db   Bb Eb G

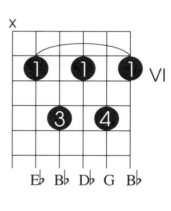

VI

Eb Bb Db G Bb

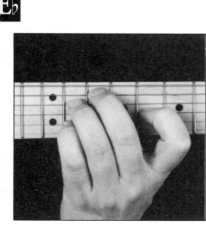
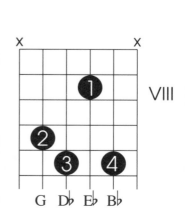

VIII

G Db Eb Bb

82

E♭7

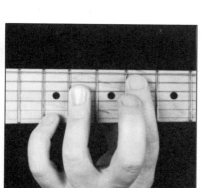

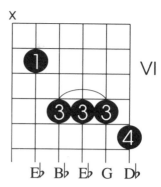

E♭ B♭ E♭ G D♭

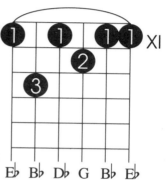

E♭ B♭ D♭ G B♭ E♭

E♭7sus4

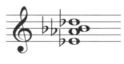

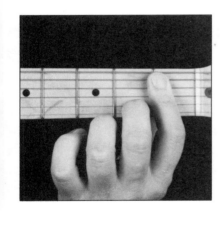

B♭ E♭ A♭ D♭

E♭

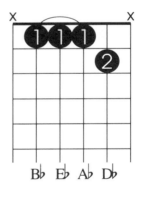

E♭ B♭ D♭ A♭

E♭7♭5

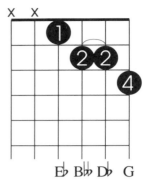

E♭ B♭♭ D♭ G

E♭ B♭♭ D♭ G

VI

E♭7♯5

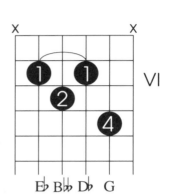

E♭ B D♭ G

**E♭**

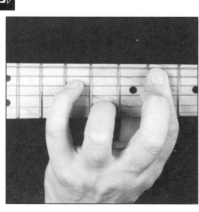

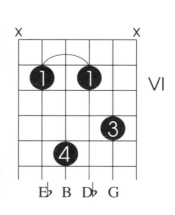

E♭ B D♭ G

VI

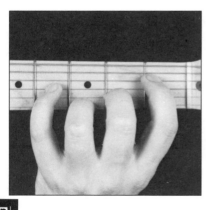

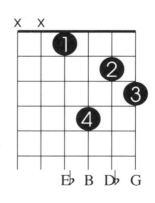

E♭9

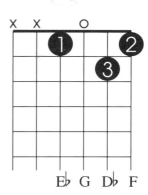

x   x   o

E♭   G   D♭   F

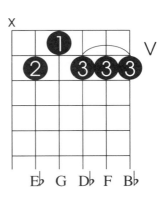

x

E♭   G   D♭   F   B♭

V

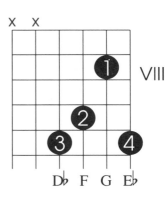

x   x

D♭   F   G   E♭

VIII

E♭

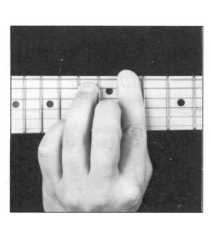

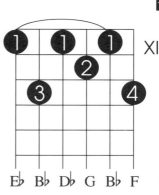

E♭   B♭   D♭   G   B♭   F

XI

85

E♭9sus4

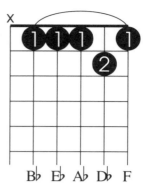

B♭ E♭ A♭ D♭ F

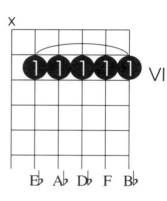

VI

E♭ A♭ D♭ F B♭

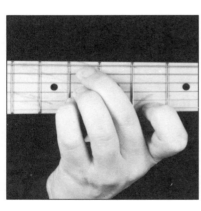

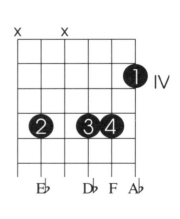

IV

E♭ D♭ F A♭

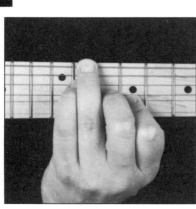

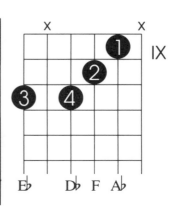

IX

E♭ D♭ F A♭

86

Eb9b5

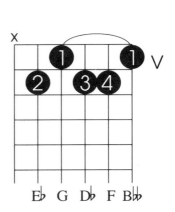

Bbb Eb G Db F

Eb G Db F Bbb

Eb9#5

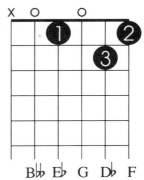

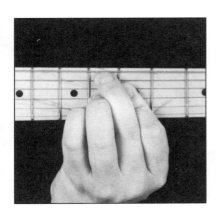

G Db F B Eb G

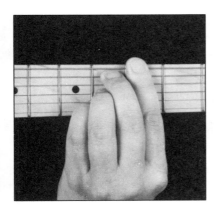

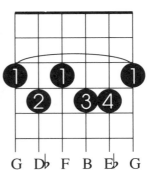

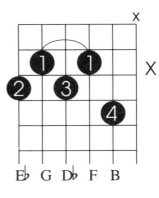

Eb G Db F B

E♭13

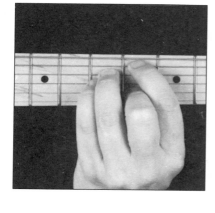

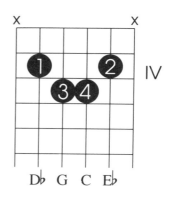

IV

D♭ G C E♭

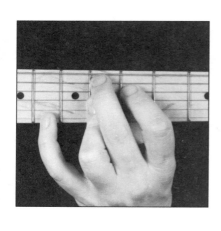

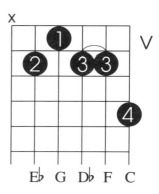

V

E♭ G D♭ F C

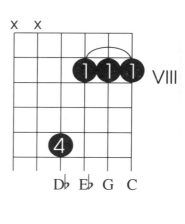

VIII

D♭ E♭ G C

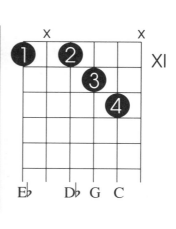

XI

E♭ D♭ G C

E

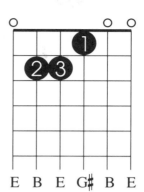

E B E G# B E

E B E B E G#

IV

G# B E B

IX

E G# B E G#

E

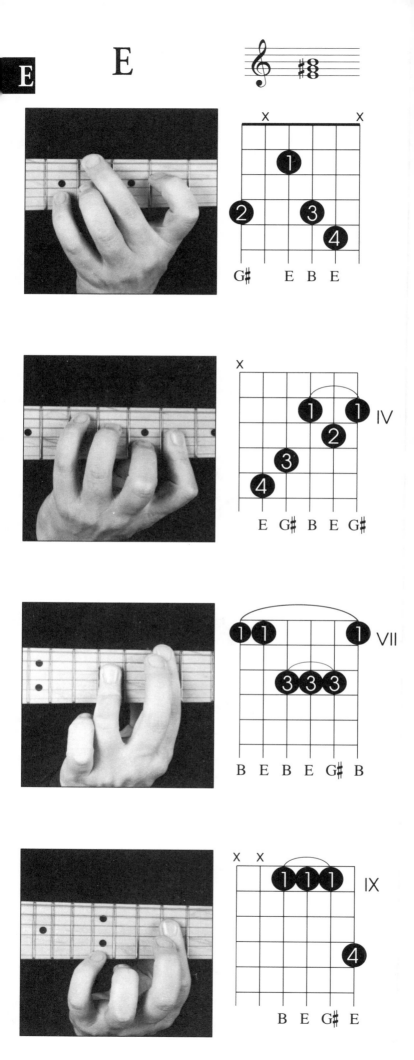

G♯   E B E

E G♯ B E G♯   IV

B E B E G♯ B   VII

B E G♯ E   IX

Esus4

E B E A B E

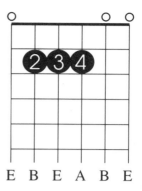

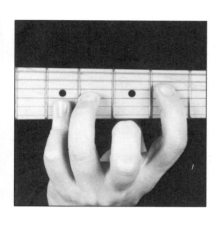

X X

E B E A

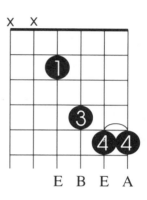

VII

B E A E A B

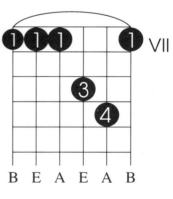

X X

VII

E B E A

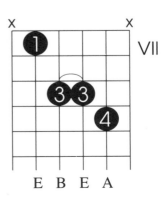

E6

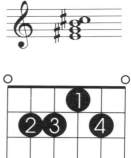

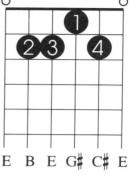

E B E G# C# E

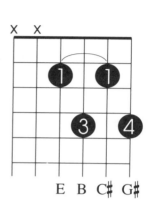

E B C# G#

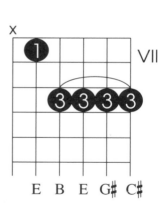

VII

E B E G# C#

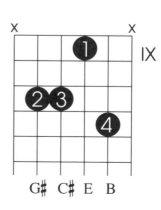

IX

G# C# E B

E6/9

E

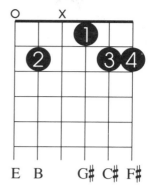

E B G# C# F#

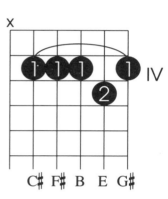

C# F# B E G#   IV

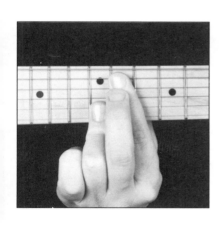
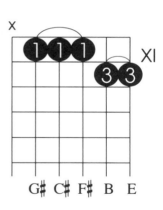

G# C# F# B E   XI

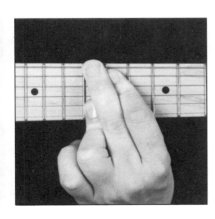
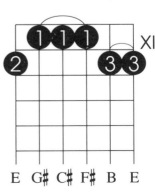

E G# C# F# B E   XI

93

E Emaj7

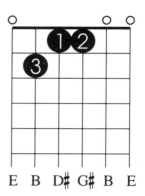

```
 O                    O  O
┌───┬───●1──●2──┬───┬───┐
│   ●3  │   │   │   │   │
├───┼───┼───┼───┼───┤
├───┼───┼───┼───┼───┤
├───┼───┼───┼───┼───┤
└───┴───┴───┴───┴───┘
 E   B   D#  G#  B   E
```

```
 X
┌───┬───┬───┬───┬───┐
├───┼───┼───●1──●1──●1─ IV
├───┼───┼───┼───●3──┼───┤
├───┼───●4──┼───┼───┤
├───┼───┼───┼───┼───┤
└───┴───┴───┴───┴───┘
     E   G#  B   D#  G#
```

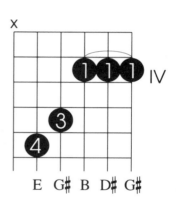

```
 X   X
┌───●1──●1──●1──┬───┐
├───┼───┼───┼───●3── IX
├───┼───┼───┼───┼───┤
├───┼───┼───┼───┼───┤
├───┼───┼───┼───┼───┤
└───┴───┴───┴───┴───┘
     B   E   G#  D#
```

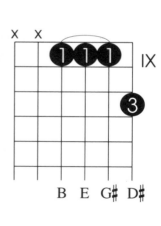

```
 X   X
┌───┬───┬───┬───●1── XI
├───┼───┼───●2──┼───┤
├───┼───●3──┼───┼───┤
├───●4──┼───┼───┼───┤
├───┼───┼───┼───┼───┤
└───┴───┴───┴───┴───┘
     E   G#  B   D#
```

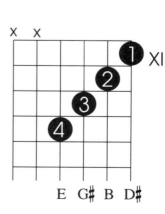

Emaj9

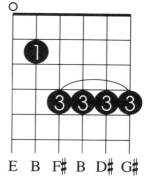

E B F# B D# G#

IV

X E F# B D# G#

Emaj13

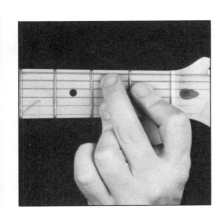

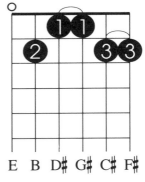

E B D# G# C# F#

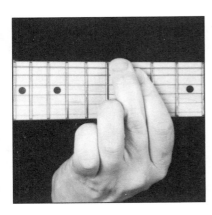

XI

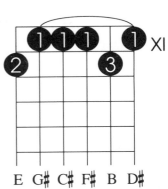

E G# C# F# B D#

Em

E B E G B E

G B E G

VII

B E B E G B

IX

B G B E

Em

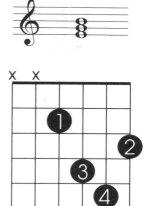

E

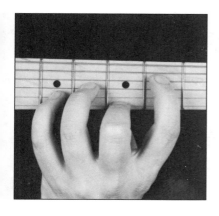

E B E G

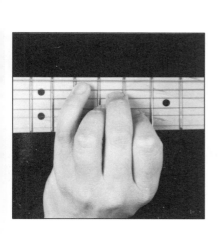

IV

E G B E

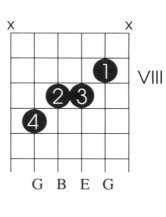

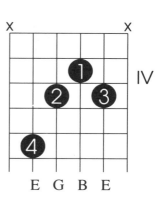

VIII

G B E G

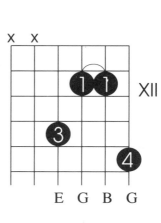

XII

E G B G

97

Em6

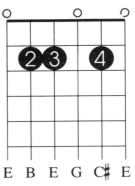

E B E G C# E

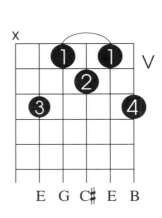

E G C# E B

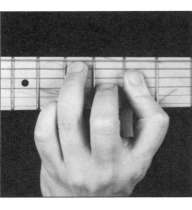

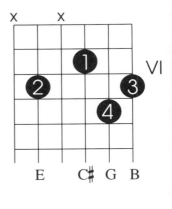

V

E C# G B

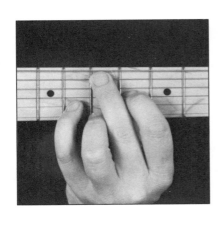

VI

E C# G B

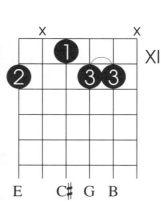

XI

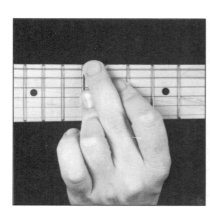

Em7

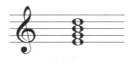

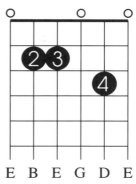

E B E G D E

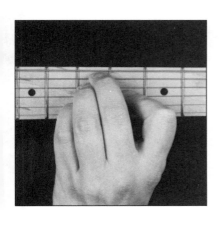

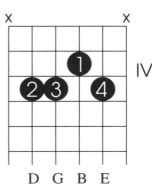

IV

D G B E

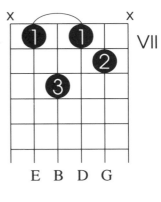

VII

E B D G

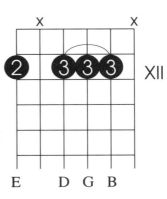

XII

E D G B

E **Em(maj7)**

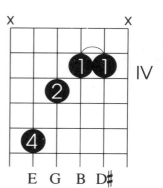

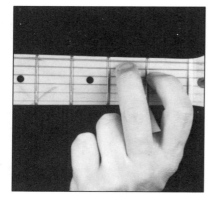

E B D# G B E

IV

E G B D#

Em9

E B D G B F#

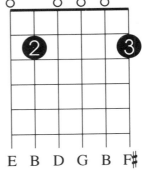

V

E G D F#

Em11

E A D G B E

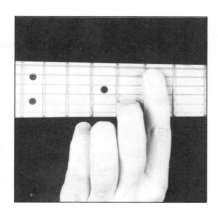

E A D G B VII

Em13

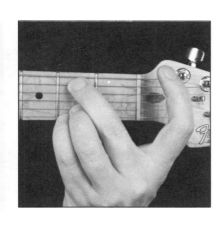

E B D G C# F#

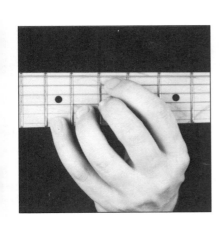

E D G C# VII

Em7♭5

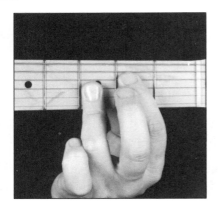

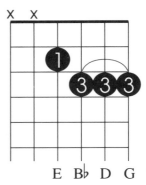

X X

E B♭ D G

X X

G   E B♭ D

E°7

X X

E B♭ D♭ G

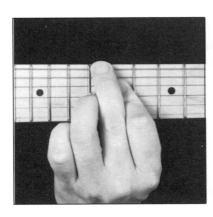

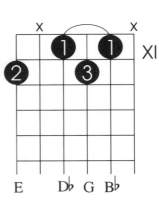

X X

XI

E   D♭ G B♭

E7

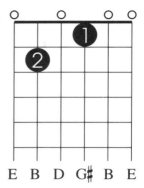

E

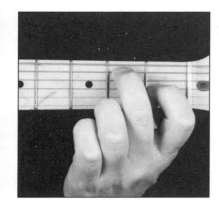

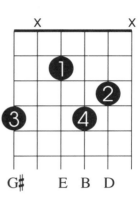

E B D G# B E

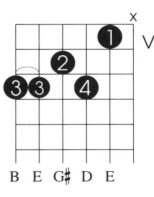

G#   E B D

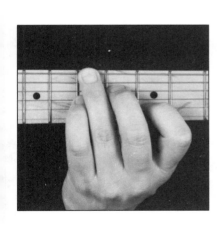

V

B E G# D E

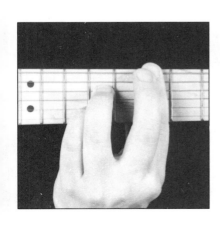

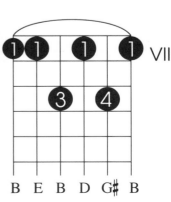

VII

B E B D G# B

E7

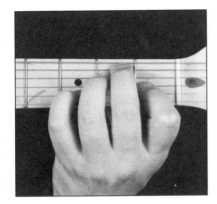

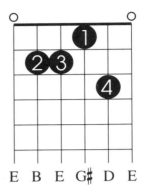

E B E G# D E

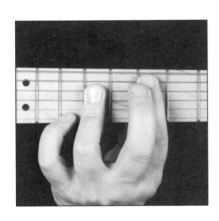

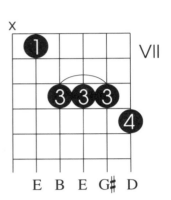

E B E G# D

E7sus4

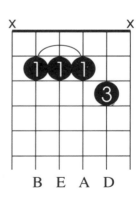

B E A D

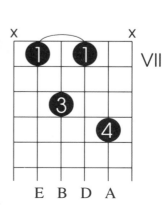

E B D A

E7♭5

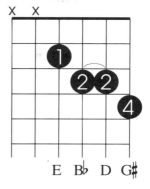

E B♭ D G♯

VII

E B♭ D G♯

E7♯5

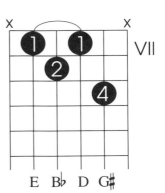

E B♯ D G♯ B♯

VII

E B♯ D G♯

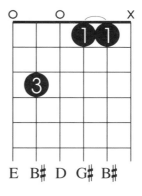

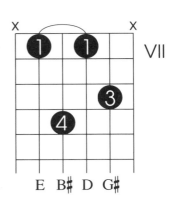

E9

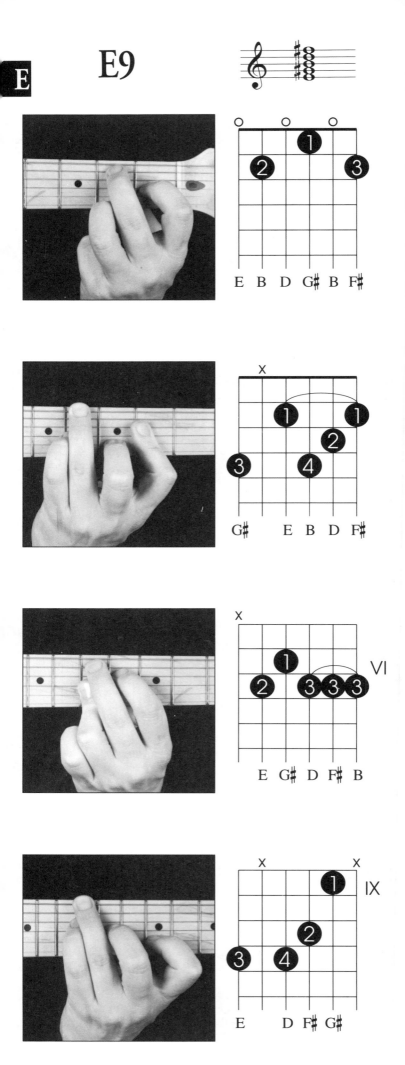

E9sus4

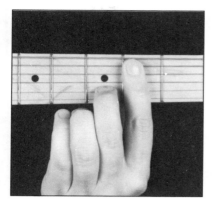

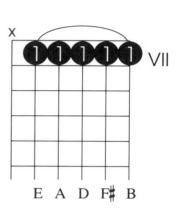

B E A D F♯

VII

E A D F♯ B

V

E D F♯ A

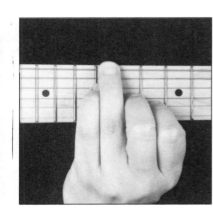

X

E D F♯ A

E9♭5

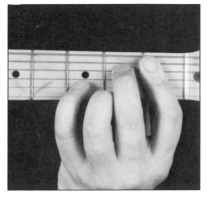

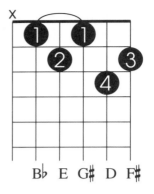

Bb E G# D F#

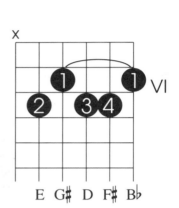

E G# D F# Bb VI

E9♯5

E B# D G# B# F#

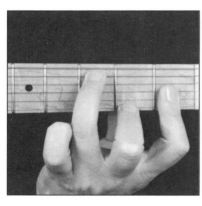

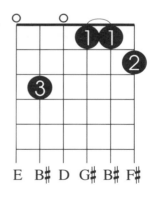

E G# D F# B# VI

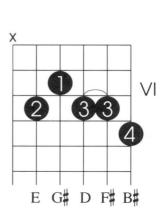

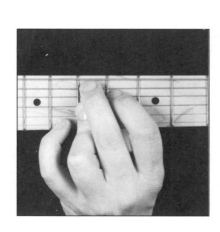

E13

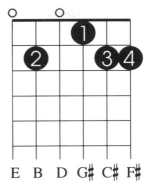

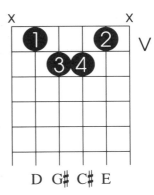

O   O

E B D G# C# F#

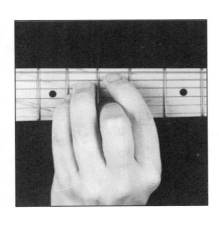

x   x

V

D G# C# E

x   x

VII

E   D G# C#

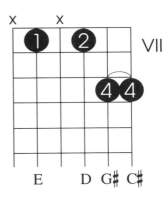

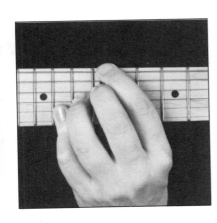

x

XII

E   D G# C# F#

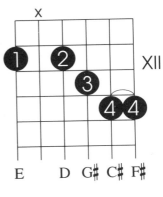

F

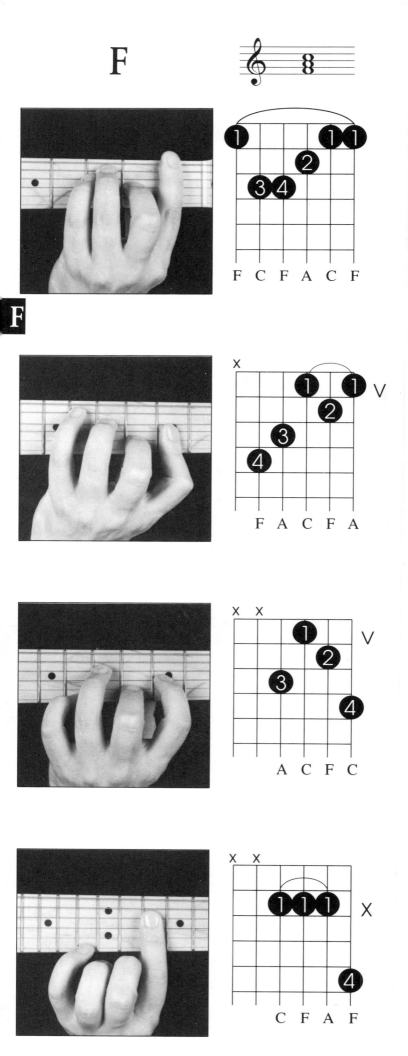

F C F A C F

F

X
F A C F A
V

X X
A C F C
V

X X
C F A F
X

F

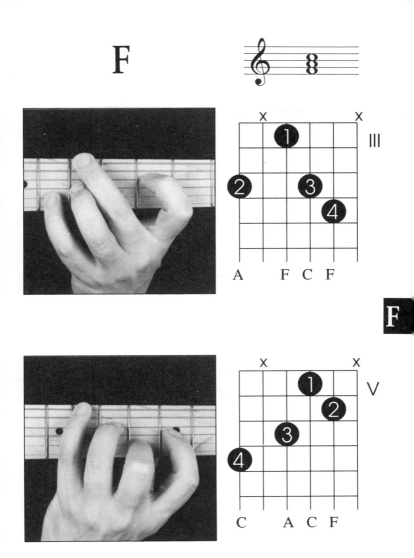

III

A   F C F

V

C   A C F

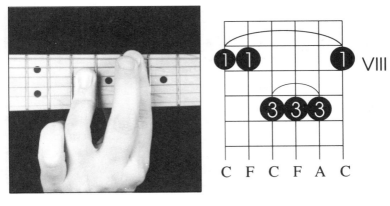

VIII

C F C F A C

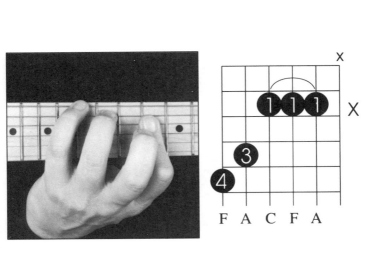

X

F A C F A

III

Fsus4

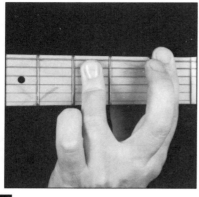

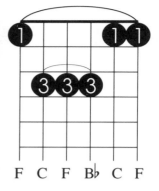

F C F B♭ C F

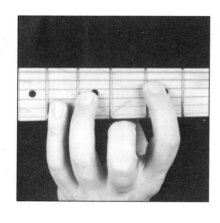

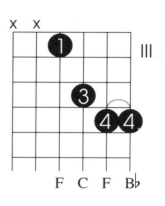

X X

III

F C F B♭

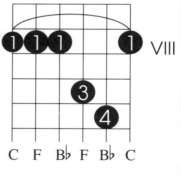

VIII

C F B♭ F B♭ C

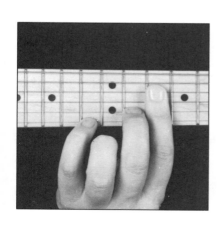

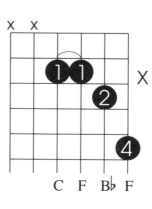

X X

X

C F B♭ F

F6

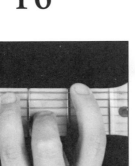

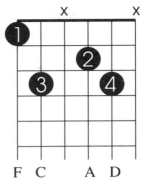

F C   A D

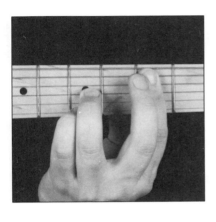

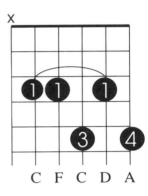

C F C D A

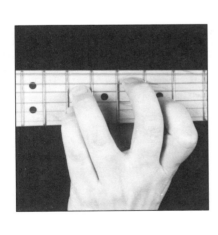

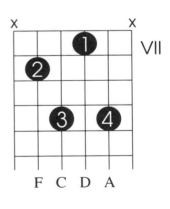

VII

F C D A

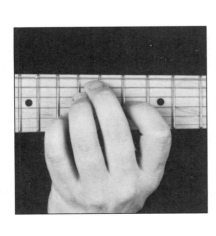

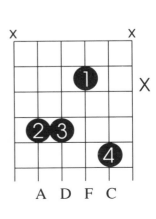

X

A D F C

F

F6/9

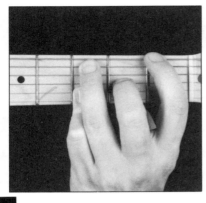

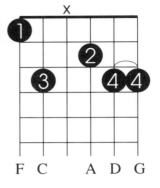

F C A D G

F

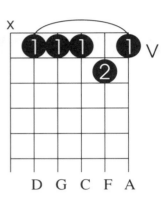

D G C F A

V

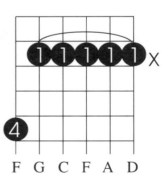

F G C F A D

X

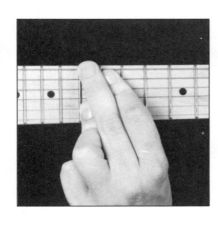

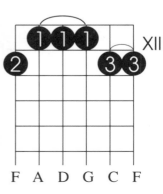

F A D G C F

XII

Fmaj7

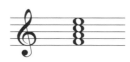

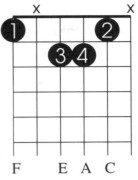

F   E A C

F

F C E A

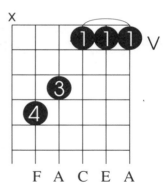

V

F A C E A

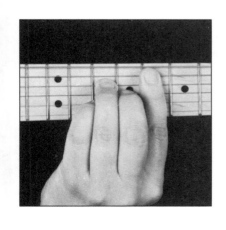

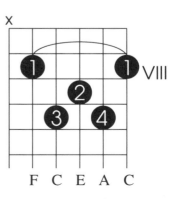

VIII

F C E A C

Fmaj9

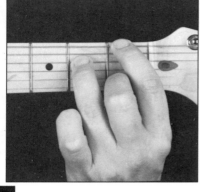

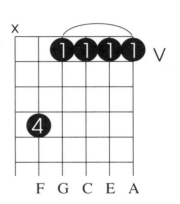

F A E G C

F

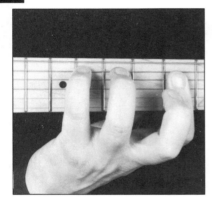

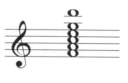

V

F G C E A

Fmaj13

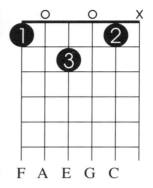

F E A D

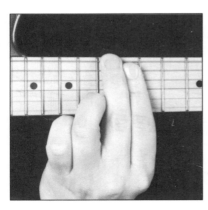

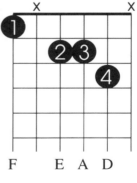

XII

F A D G C E

Fm

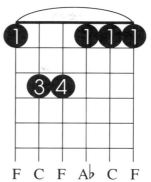

F C F A♭ C F

F

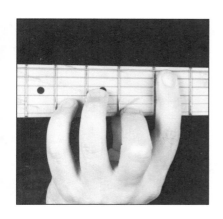

X

III

C F C F A♭

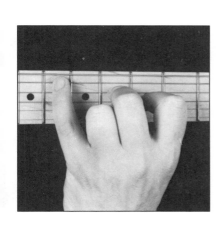

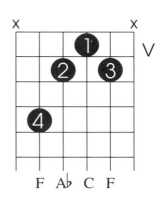

X   X

V

F A♭ C F

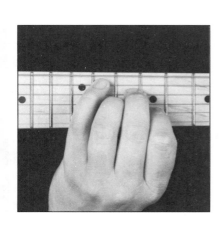

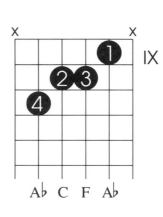

X   X

IX

A♭ C F A♭

Fm

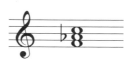

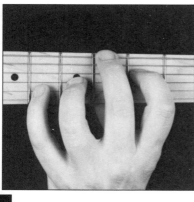

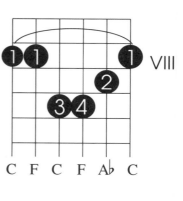

III

Ab F C F

F

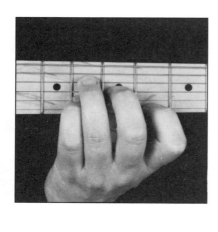

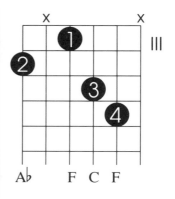

IV

Ab C F Ab

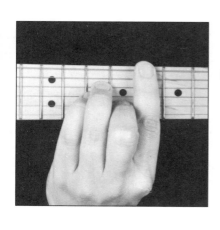

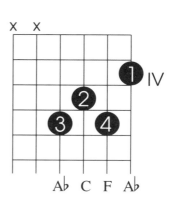

VIII

C F C F Ab C

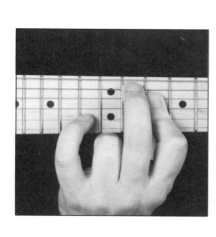

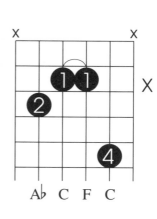

X

Ab C F C

Fm6

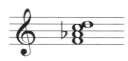

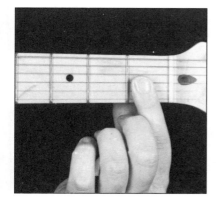

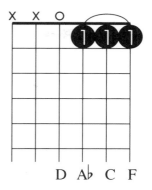

x x O

D Ab C F

F

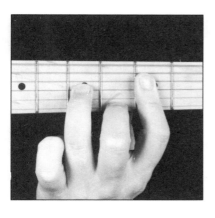

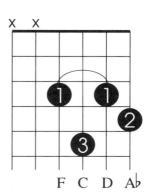

x x

F C D Ab

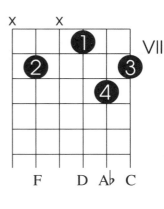

x x

VII

F D Ab C

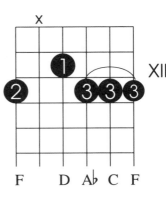

x

XII

F D Ab C F

Fm7

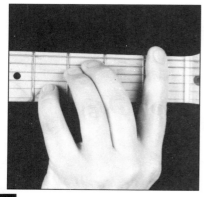

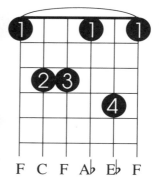

F C F Ab Eb F

F

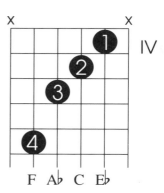

IV

F Ab C Eb

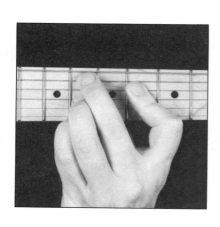

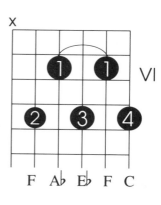

VI

F Ab Eb F C

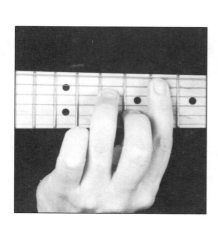

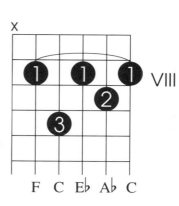

VIII

F C Eb Ab C

Fm(maj7)

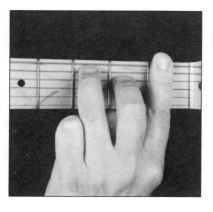

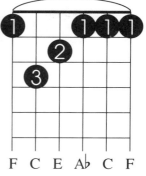

F C E A♭ C F

F

X   X

V

F A♭ C E

Fm9

X

F   E♭ A♭ C G

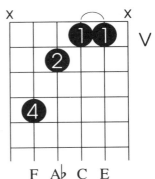

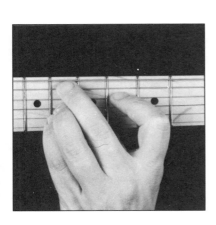

X   X

VI

F A♭ E♭ G

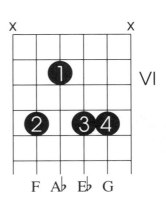
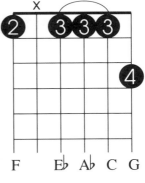

121

Fm11

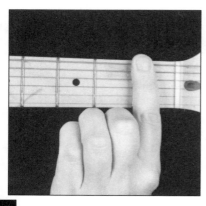

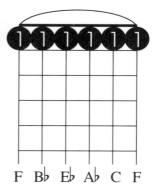

F Bb Eb Ab C F

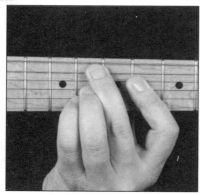

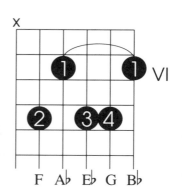

X

VI

F Ab Eb G Bb

Fm13

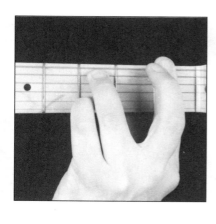

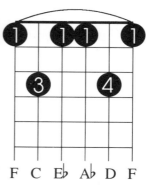

F C Eb Ab D F

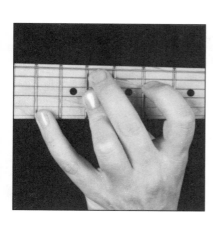

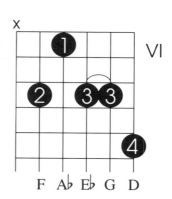

X

VI

F Ab Eb G D

Fm7♭5

F Cb Eb Ab

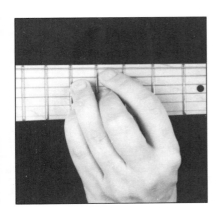

F Cb Eb Ab

VIII

F

F°7

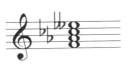

F Cb Ebb Ab

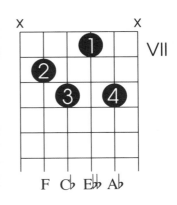

F Cb Ebb Ab

VII

F7

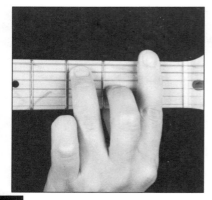

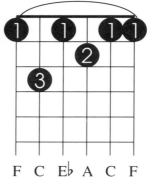

F C E♭ A C F

F

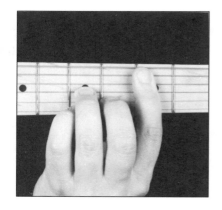

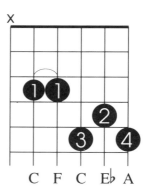

C F C E♭ A

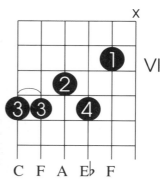

VI

C F A E♭ F

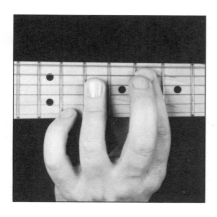

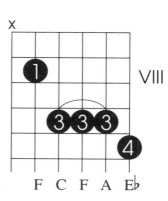

VIII

F C F A E♭

F7

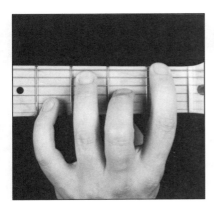

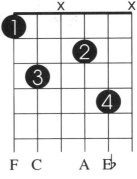

F C   A E♭

F

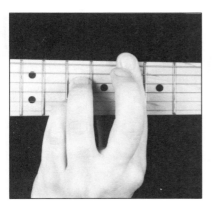

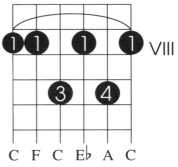

VIII

C F C E♭ A C

F7sus4

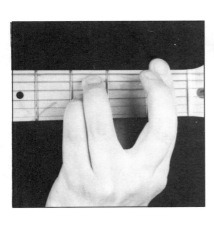

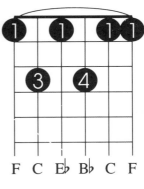

F C E♭ B♭ C F

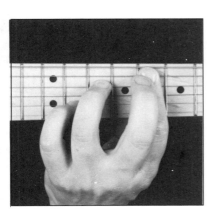

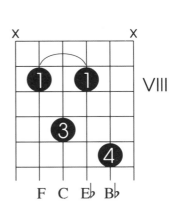

VIII

F C E♭ B♭

F7♭5

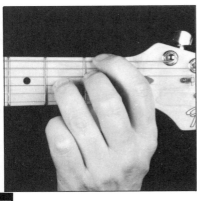

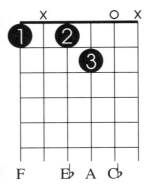

F   E♭ A C♭

F

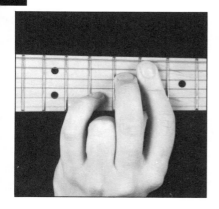

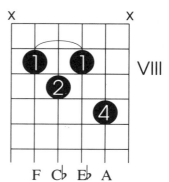

VIII

F C♭ E♭ A

F7♯5

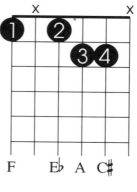

F   E♭ A C♯

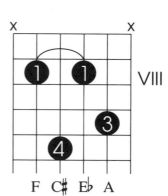

VIII

F C♯ E♭ A

F9

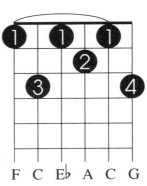

F C E♭ A C G

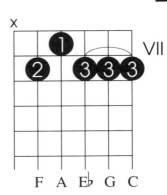

F A E♭ G C

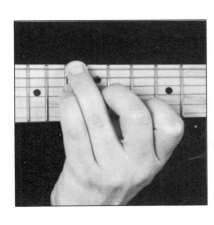

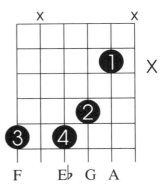

F E♭ G A

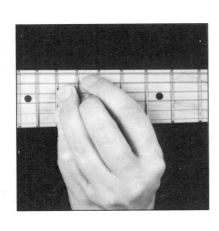

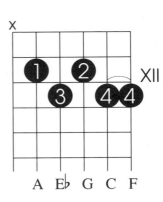

A E♭ G C F

F9sus4

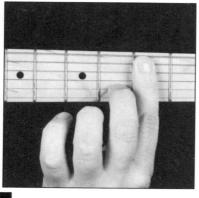

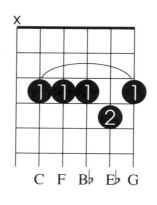

C F Bb Eb G

F

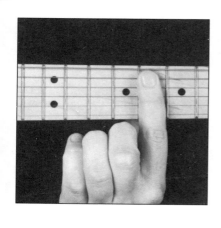

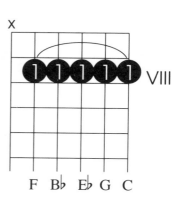

VIII

F Bb Eb G C

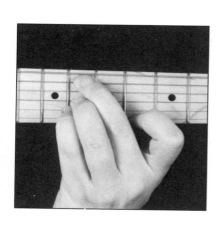

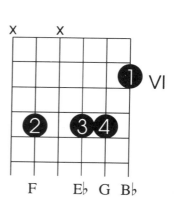

VI

F Eb G Bb

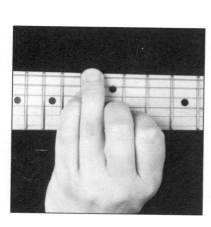

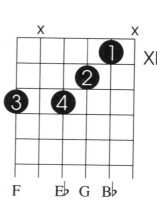

XI

F Eb G Bb

F9♭5

F A E♭ G C♭

F

F A E♭ G C♭

F9♯5

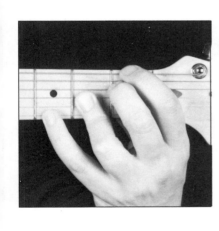

F E♭ A C♯ G

F A E♭ G C♯

F13

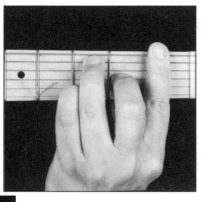

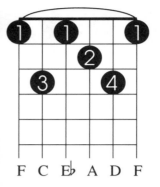

F C E♭ A D F

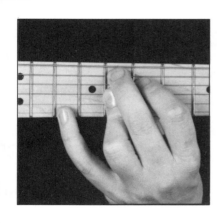

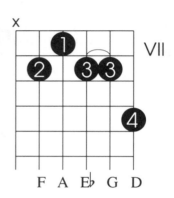

VII

F A E♭ G D

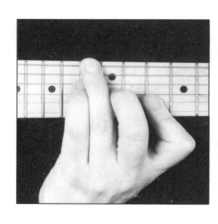

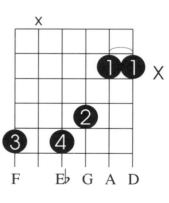

X

F E♭ G A D

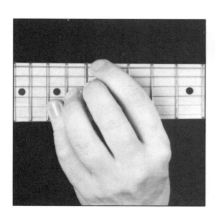

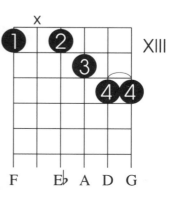

XIII

F E♭ A D G

F♯

 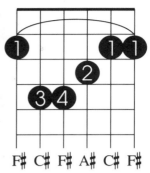

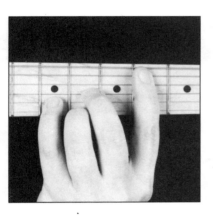 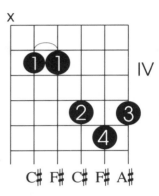

F♯ C♯ F♯ A♯ C♯ F♯

C♯ F♯ C♯ F♯ A♯   IV

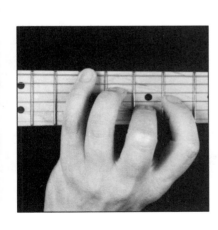 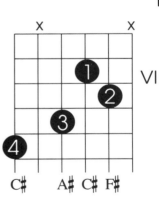

C♯   A♯ C♯ F♯   VI

F♯

 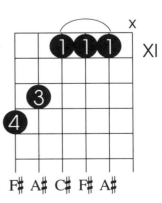

F♯ A♯ C♯ F♯ A♯   XI

131

F#

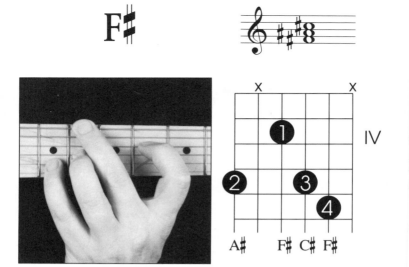

IV

A#   F# C# F#

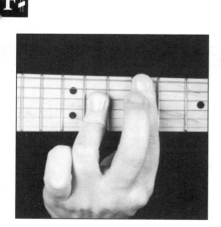

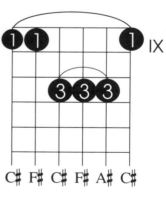

VI

F# A# C# F# A#

F#

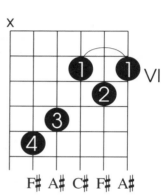

IX

C# F# C# F# A# C#

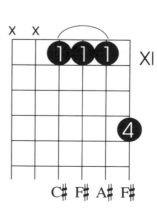

XI

C# F# A# F#

132

F#sus4

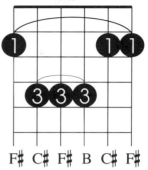

F# C# F# B C# F#

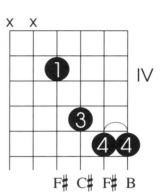

IV

F# C# F# B

F#

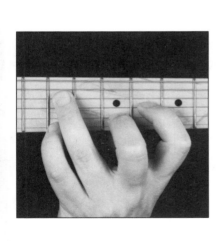

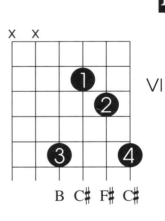

VI

B C# F# C#

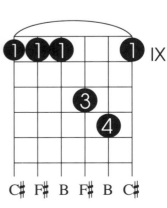

IX

C# F# B F# B C#

F#6

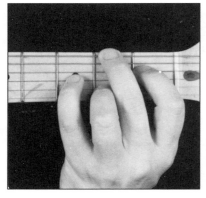

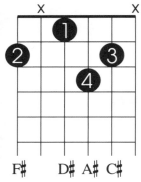

F#   D# A# C#

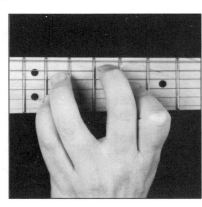

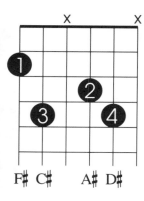

F# C#   A# D#

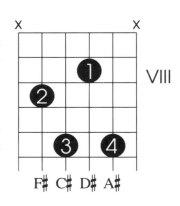

VIII

F# C# D# A#

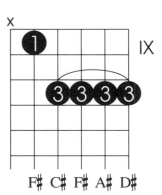

IX

F# C# F# A# D#

134

F#6/9

F# A# D# G# C# F#

X

C# F# A# D# G#

F#

X

VIII

F# A# D# G# C#

XI

F# G# C# F# A# D#

135

F#maj7

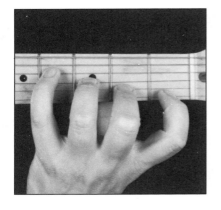

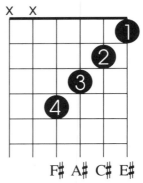

F# A# C# E#

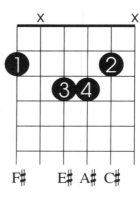

F# E# A# C#

F#

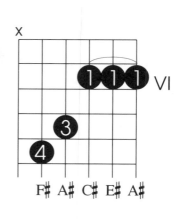

VI

F# A# C# E# A#

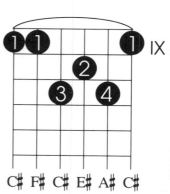

IX

C# F# C# E# A# C#

F#maj9

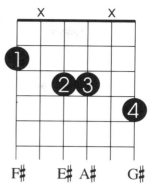

F#   E# A#   G#

VI

F# G# C# E# A#

F#maj13

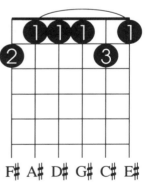

F# A# D# G# C# E#

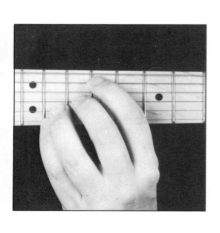

IX

F#   E# A# D#

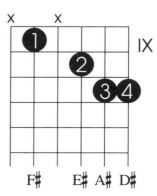

137

F#m

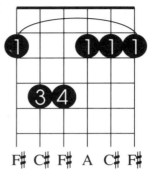

F# C# F# A C# F#

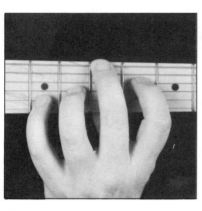

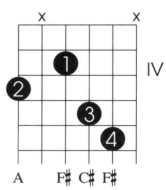

IV

A   F# C# F#

F#

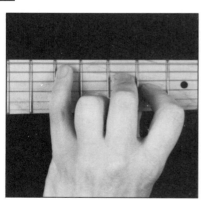

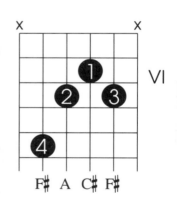

VI

F# A C# F#

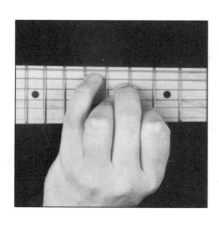

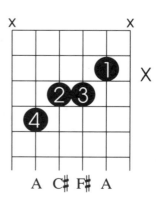

X

A C# F# A

F#m

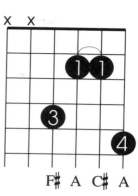

F#

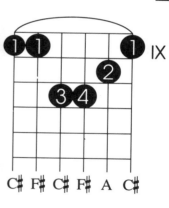

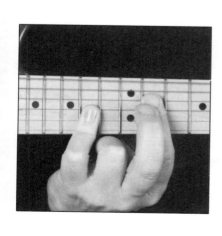

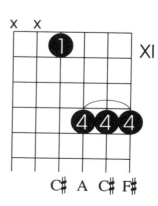

F#m6

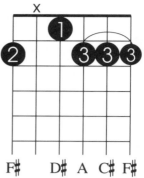

F# D# A C# F#

IV

F# C# D# A

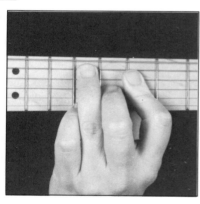

VII

F# A D# F# C#

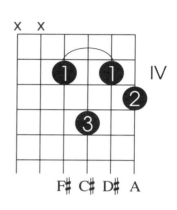

X

C# F# A D#

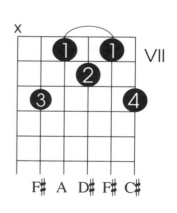

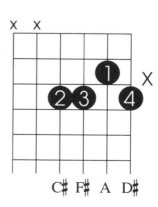

F#m7

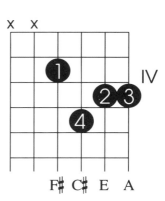

X   X
F#   E A C#

X X
F# C# E A
IV

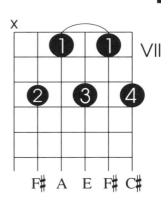

X
F# A E F# C#
VII

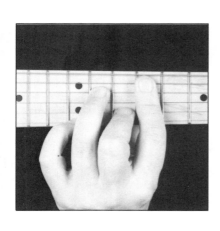

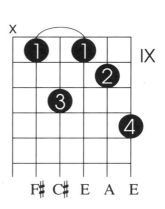

X
F# C# E A E
IX

F#m(maj7)

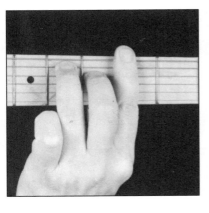

F# C# E# A C# F#

IV

F# C# E# A

F#m9

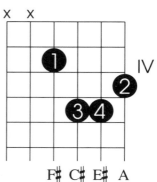

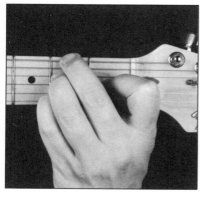

F# A E G# C#

VII

F# A E G#

F#m11

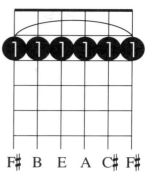

F# B E A C# F#

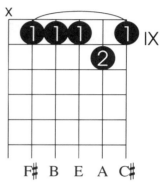

X

F# B E A C#

F#m13

F#

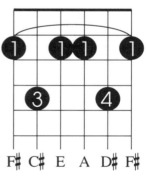

F# C# E A D# F#

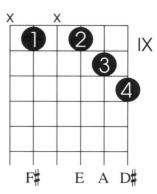

X X

F# E A D#

143

F#m7♭5

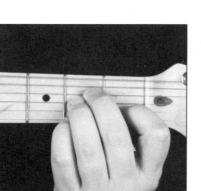

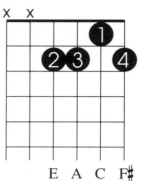

X X

① ② ③ ④

E A C F#

① ③ ③ ③ IV

F# C E A

F#°7

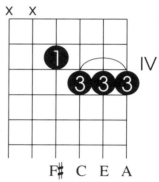

X X

② ① ③ ①

F# E♭ A C

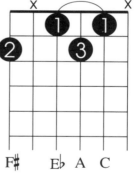

X X

② ① ③ ④ V

E♭ A C F#

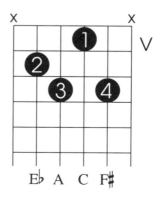

F#7

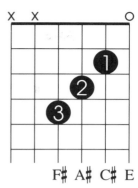

F# A# C# E

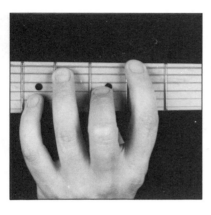

F# C# A# E

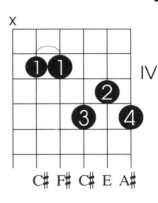

C# F# C# E A#

IV

F#

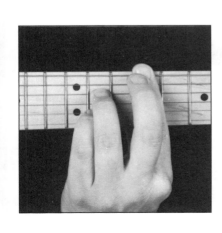

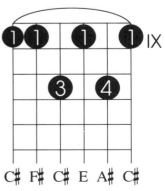

C# F# C# E A# C#

IX

145

F#7

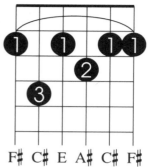

F# C# E A# C# F#

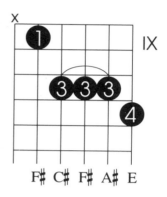

F# C# F# A# E

 ## F#7sus4

F# C# E B C# F#

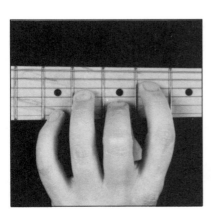

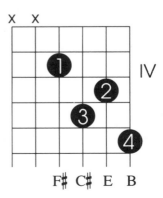

F# C# E B

146

F#7b5

F#   E A# C

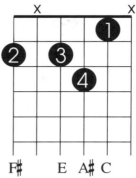

VII

C   A# E F#

F#7#5

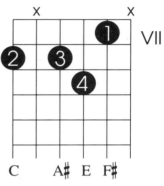

F#   E A# C×

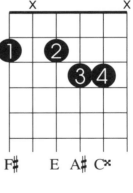

VII

E A# C× F#

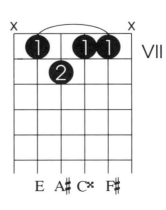

F#9

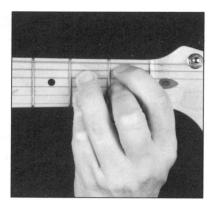

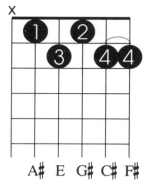

A# E G# C# F#

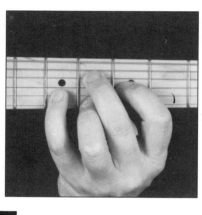

F# A# E G#

F#

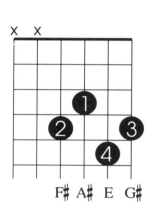

VIII

F# A# E G# C#

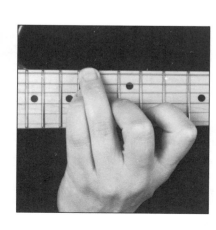

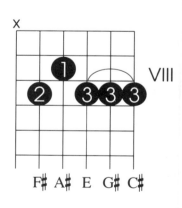

XI

F# E G# A#

F#9sus4

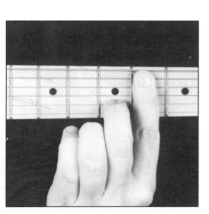

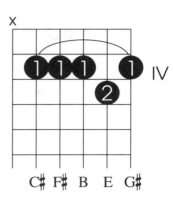

C# F# B E G#

IV

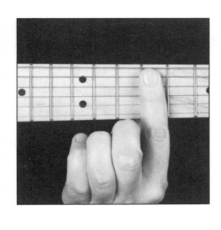

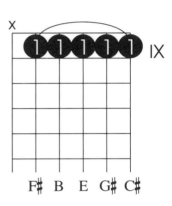

F# B E G# C#

IX

F#

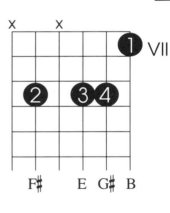

F# E G# B

VII

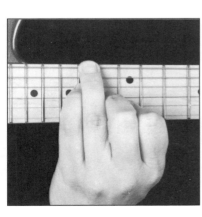

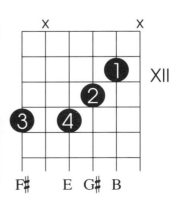

F# E G# B

XII

F#9b5

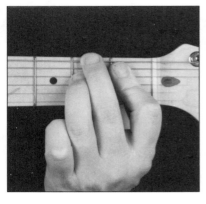

F# A# E G# C

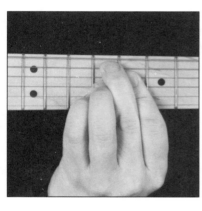

VIII

F# A# E G# C

F#9#5

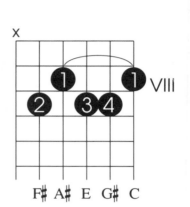

F#   E A# C× G#

VIII

F# A# E G# C×

F#13

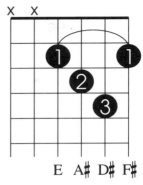

E A# D# F#

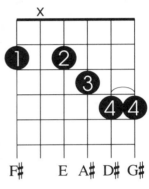

F# E A# D# G#

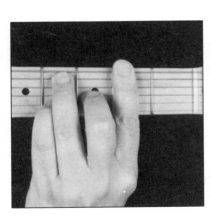

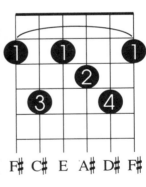

F# C# E A# D# F#

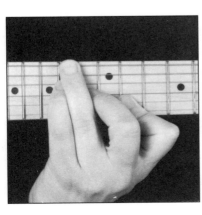

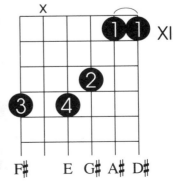

XI

F# E G# A# D#

G

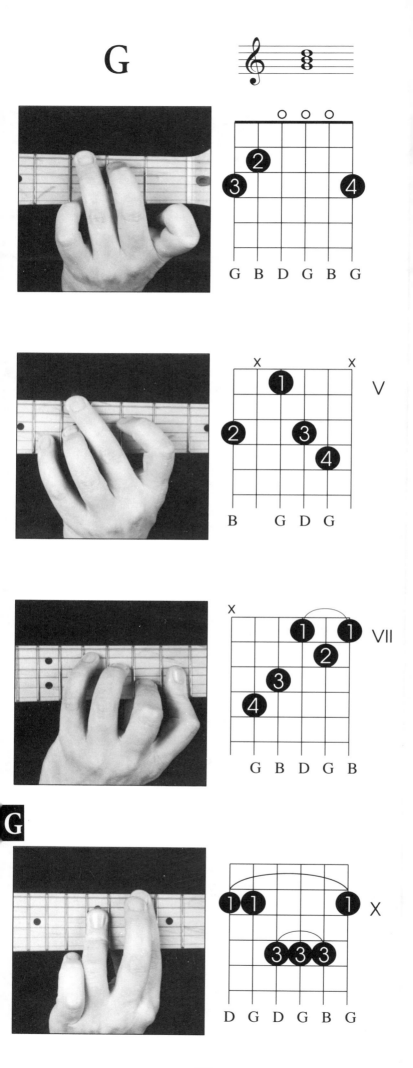

G

G D G B D G

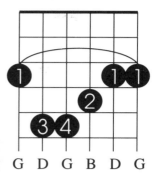

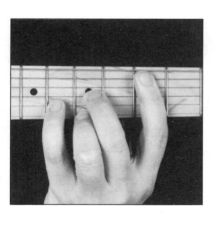

V

D G D G B

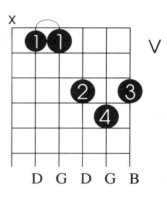

VII

D B D G

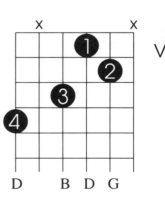

G

XII

D G B G

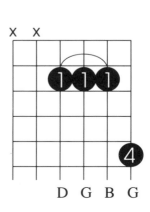

Gsus4

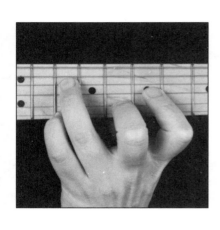

G D G C D G

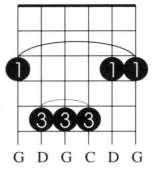

X X

VII

C D G D

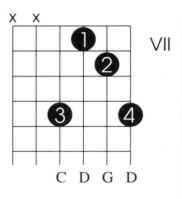

X X

X

D G C D

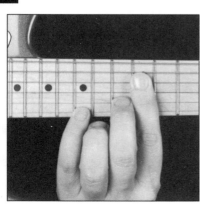

G

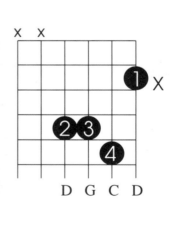

X X

XII

D G C G

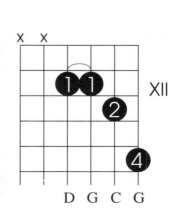

G6

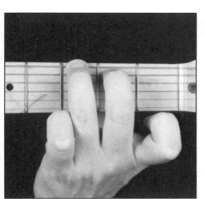

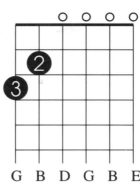

G B D G B E

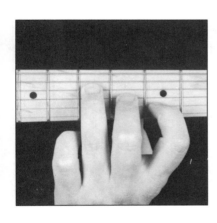

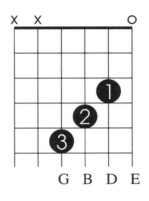

X X   O

G B D E

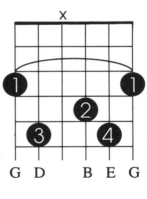

X

G D   B E G

G

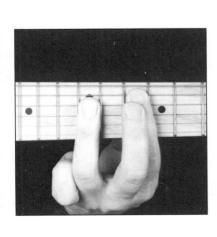

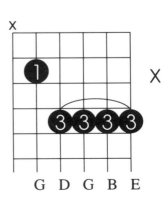

X

X

G D G B E

G6/9

G B E A D G

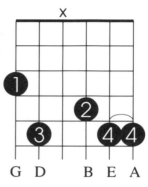

G D B E A

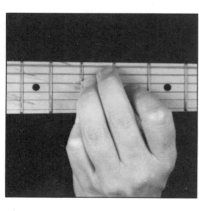
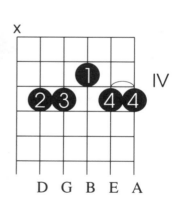

IV

D G B E A

G

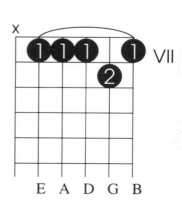

VII

E A D G B

Gmaj7

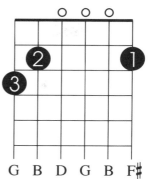

G B D G B F#

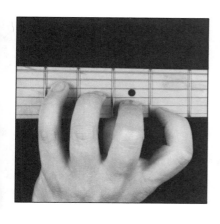

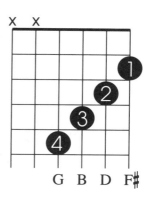

G B D F#

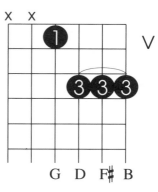

V

G D F# B

G

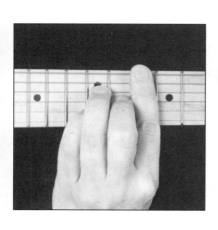

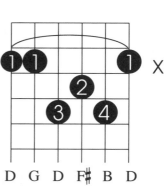

X

D G D F# B D

157

Gmaj9

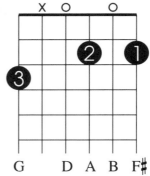

X   O   O

G   D A B F#

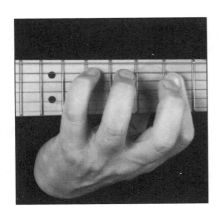

X

VII

G A D F# B

Gmaj13

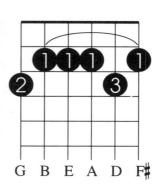

G B E A D F#

G

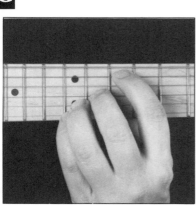

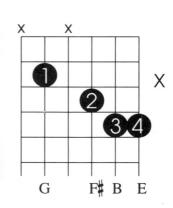

X   X

X

G   F# B E

Gm

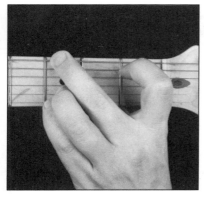

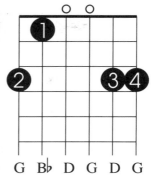

G B♭ D G D G

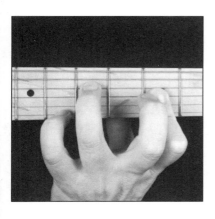

III

G B♭ D B♭

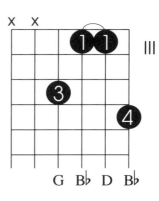

VI

B♭ D G B♭

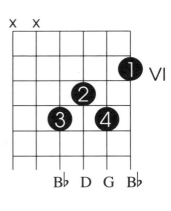

G

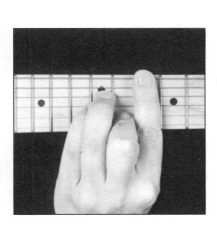

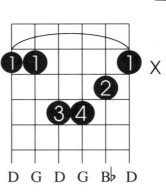

X

D G D G B♭ D

159

Gm

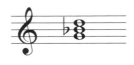

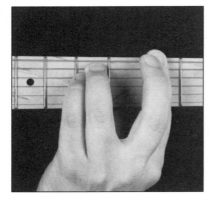

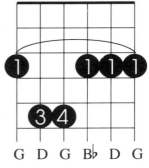

G D G B♭ D G

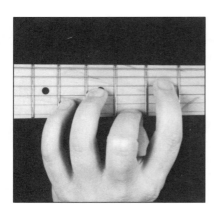

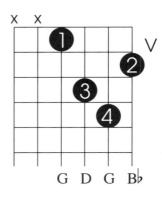

V

G D G B♭

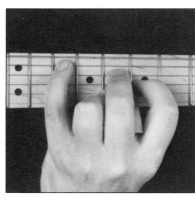

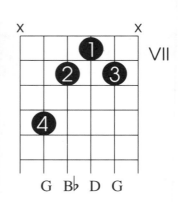

VII

G B♭ D G

G

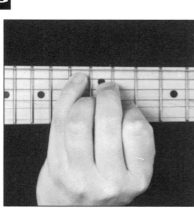

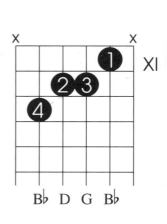

XI

B♭ D G B♭

Gm6

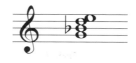

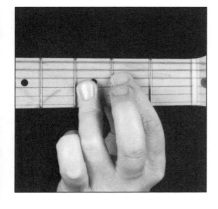

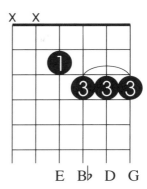

E Bb D G

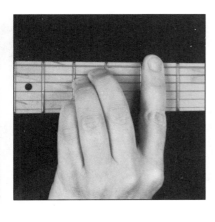

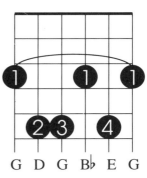

G D G Bb E G

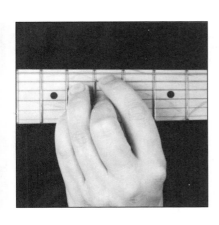

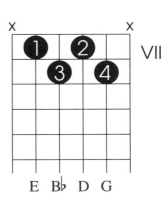

VII

E Bb D G

G

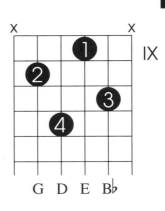

IX

G D E Bb

Gm7

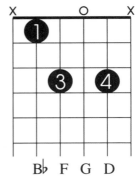

Bb F G D

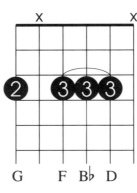

G F Bb D

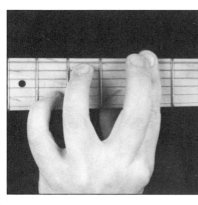
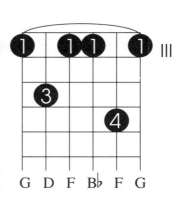

G D F Bb F G

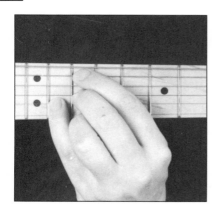
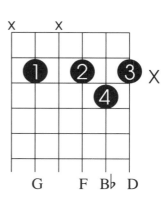

G F Bb D

Gm(maj7)

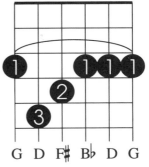

G D F# Bb D G

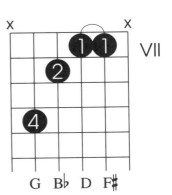

VII

G Bb D F#

Gm9

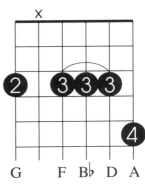

X

G   F Bb D A

G

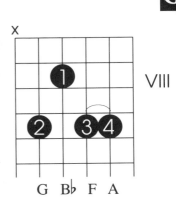

X

VIII

G Bb F A

Gm11

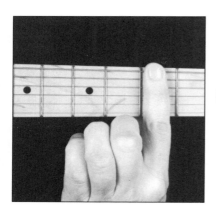

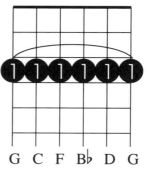

G C F Bb D G

G C F Bb D

Gm13

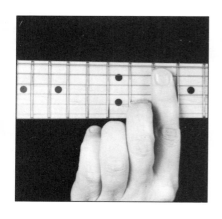

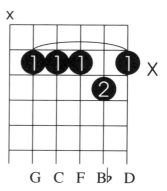

G D F Bb E G

G

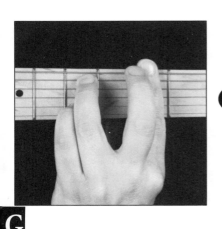

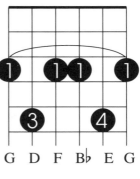

G F Bb E

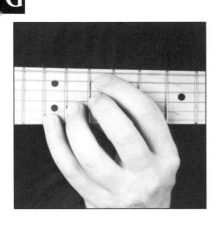

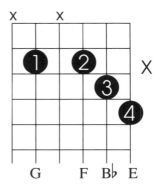

Gm7♭5

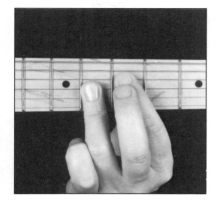

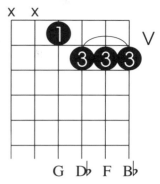

X X

V

G D♭ F B♭

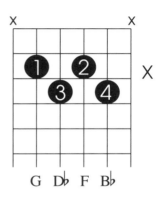

X X

X

G D♭ F B♭

G°7

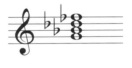

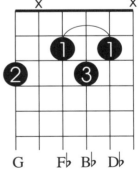

X X

G F♭ B♭ D♭

G

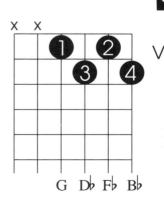

X X

V

G D♭ F♭ B♭

G7

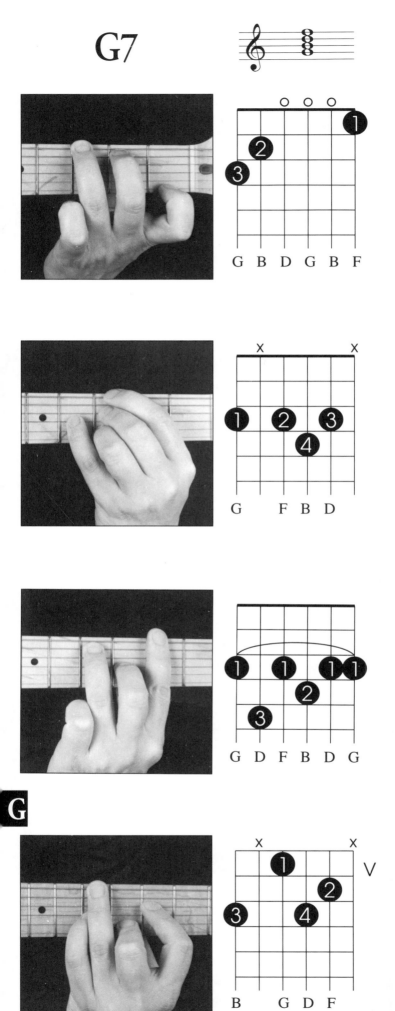

G B D G B F

G F B D

G D F B D G

G

B G D F

G7

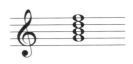

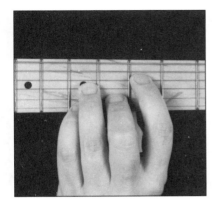
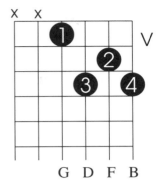

G D F B

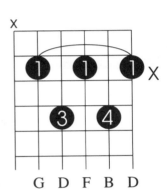

G D F B D

G7sus4

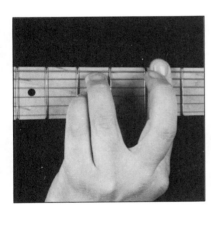
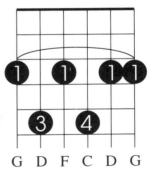

G D F C D G

G

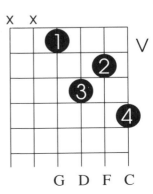

G D F C

167

G7♭5

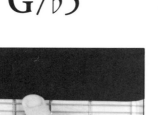

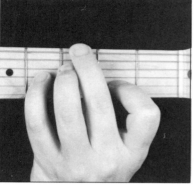
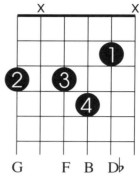

G   F B D♭

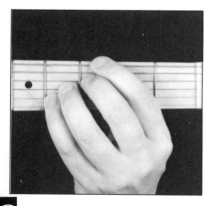

V

G D♭ F B

G7♯5

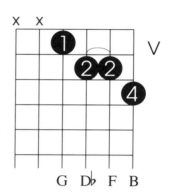

G   F B D♯

G

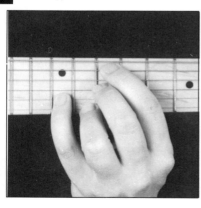
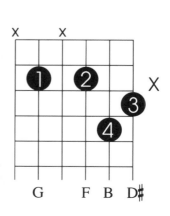

X

G   F B D♯

G9

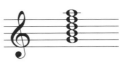

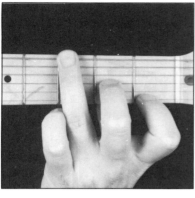

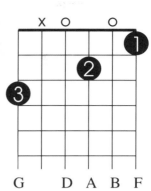

G   D A B F

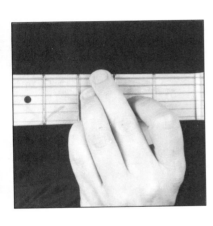

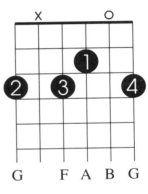

G   F A B G

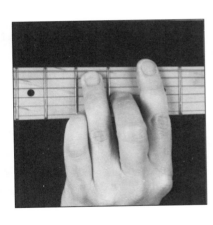

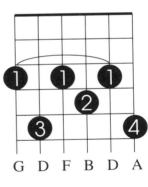

G D F B D A

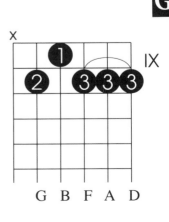

G B F A D

169

G9sus4

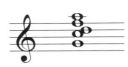

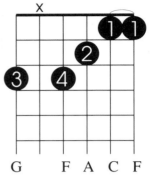

G F A C F

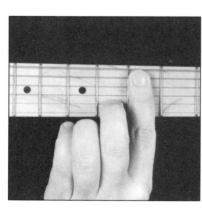

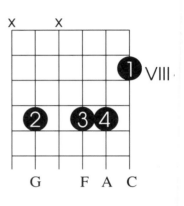

G F A C   VIII

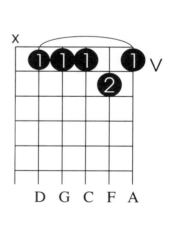

D G C F A   V

G

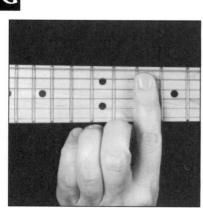

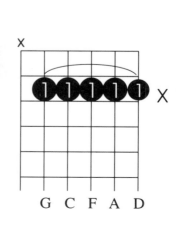

G C F A D   X

G9♭5

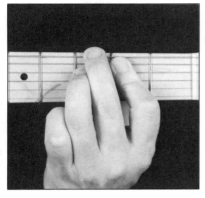

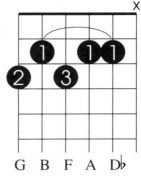

G B F A D♭

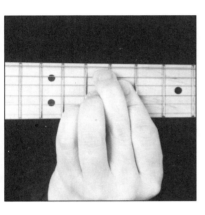

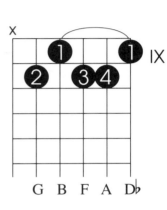

IX

G B F A D♭

G9♯5

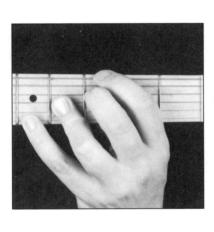

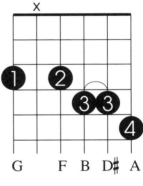

G F B D♯ A

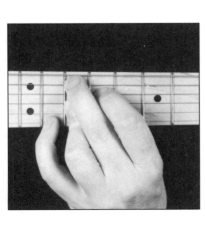

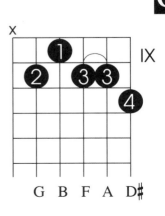

IX

G B F A D♯

G

G13

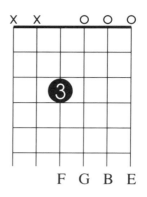

X X   O O O

3

F G B E

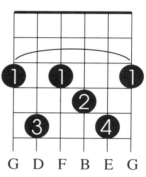

G D F B E G

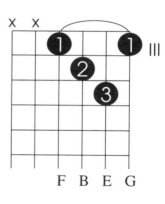

X X

1   1   III

2

3

F B E G

G

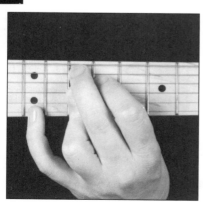

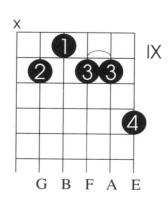

X

1   IX

2   3 3

4

G B F A E

A♭

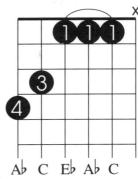

A♭ C E♭ A♭ C

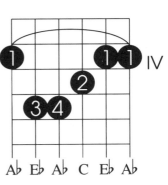

A♭ E♭ A♭ C E♭ A♭ IV

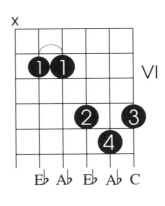

VI

E♭ A♭ E♭ A♭ C

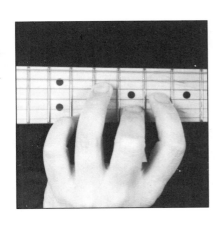

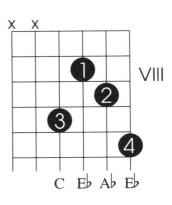

VIII

C E♭ A♭ E♭

173

A♭

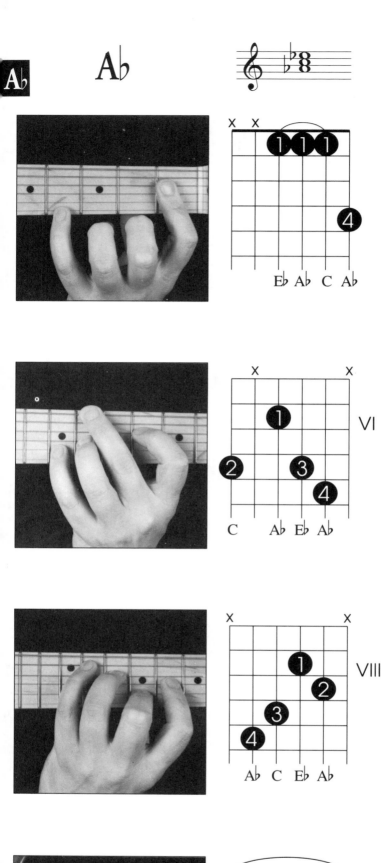

Eb Ab C Ab

C Ab Eb Ab   VI

Ab C Eb Ab   VIII

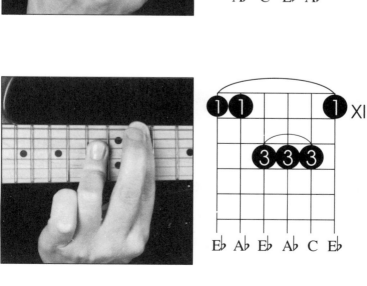

Eb Ab Eb Ab C Eb   XI

Absus4

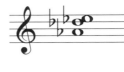

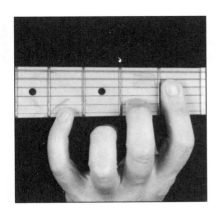

Eb Ab Db Ab

IV

Ab Eb Ab Db Eb Ab

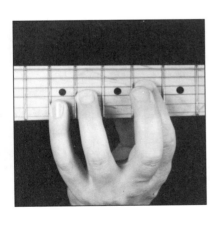

VI

Ab Eb Ab Db

XI

Ab Db Ab Db Eb

175

Ab6

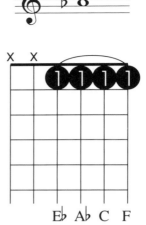

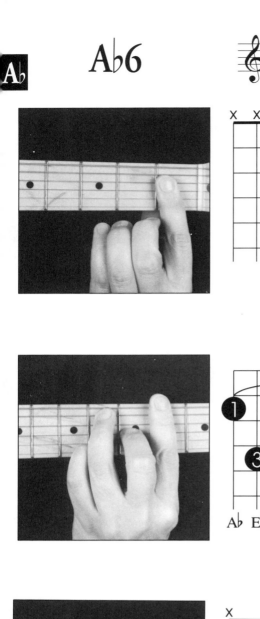

Eb Ab C F

Ab Eb C F Ab IV

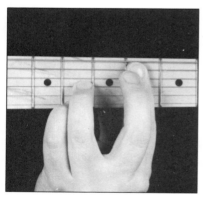

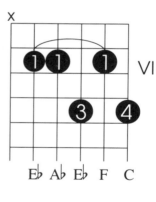

Eb Ab Eb F C VI

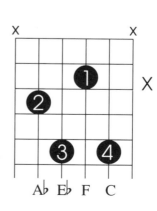

Ab Eb F C X

A♭6/9

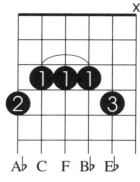

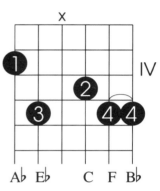

| | | | | | | x |
| A♭ | C | F | B♭ | E♭ | | |

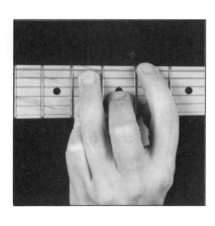

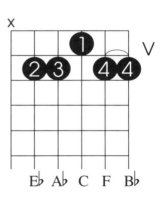

IV

| A♭ | E♭ | | C | F | B♭ |

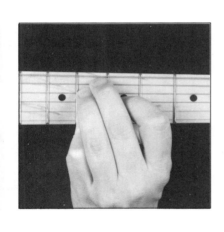

V

| E♭ | A♭ | C | F | B♭ |

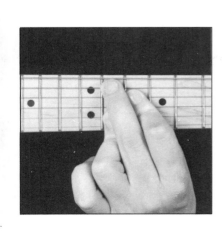

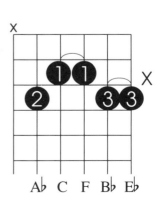

X

| A♭ | C | F | B♭ | E♭ |

177

Abmaj7

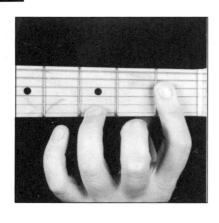

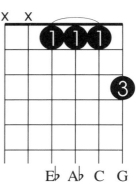

Eb Ab C G

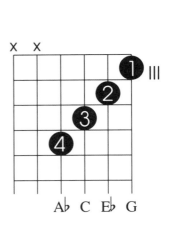

Ab C Eb G

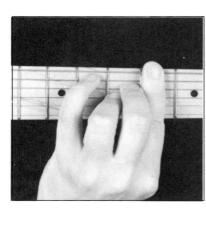

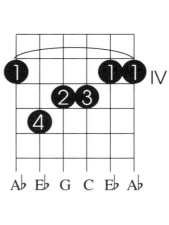

Ab Eb G C Eb Ab

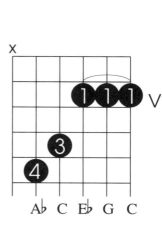

Ab C Eb G C

A♭maj9

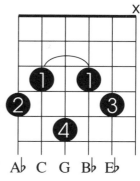

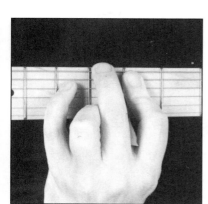

A♭ C G B♭ E♭

III

C A♭ B♭ E♭ G

A♭maj13

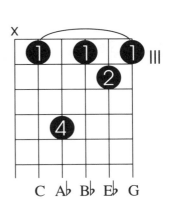

A♭ C F B♭ E♭ G

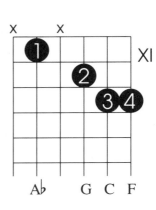

XI

A♭ G C F

A♭m

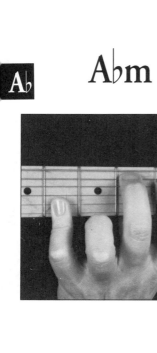

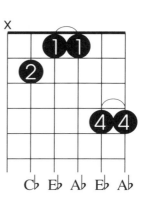

Cb Eb Ab Eb Ab

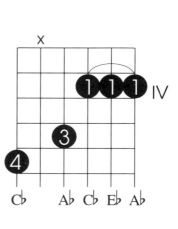

IV

Cb   Ab Cb Eb Ab

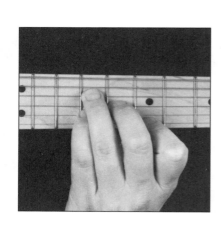

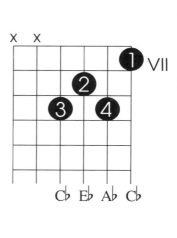

VII

Cb Eb Ab Cb

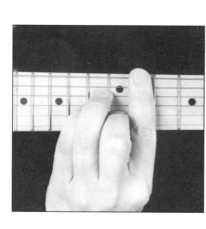

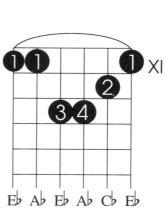

XI

Eb Ab Eb Ab Cb Eb

A♭m

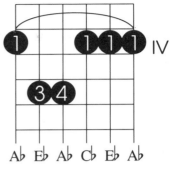

IV

Ab Eb Ab Cb Eb Ab

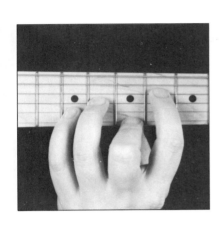

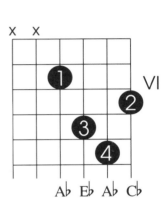

VI

Ab Eb Ab Cb

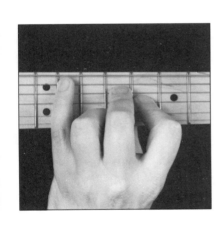

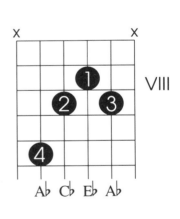

VIII

Ab Cb Eb Ab

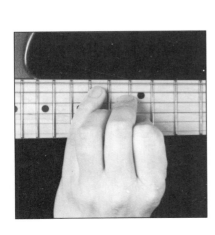

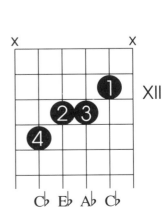

XII

Cb Eb Ab Cb

A♭m6

 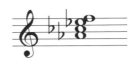

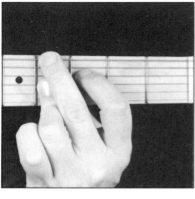

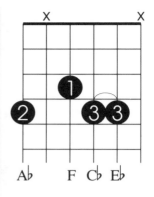

X   X

A♭   F   C♭   E♭

IV

A♭ E♭ A♭ C♭ F A♭

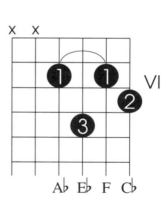

X   X

VI

A♭ E♭ F C♭

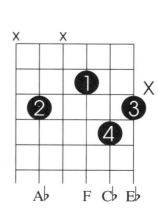

X   X

X

A♭   F   C♭   E♭

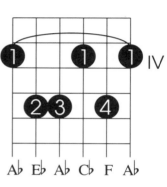

A♭m7

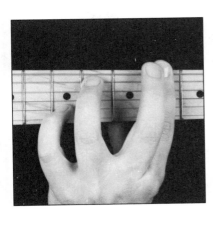

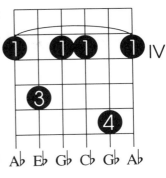

A♭ E♭ G♭ C♭ G♭ A♭ — IV

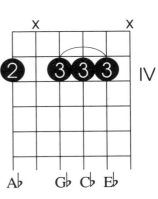

A♭ G♭ C♭ E♭ — IV

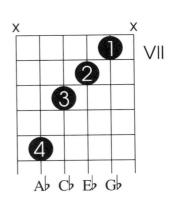

A♭ C♭ E♭ G♭ — VII

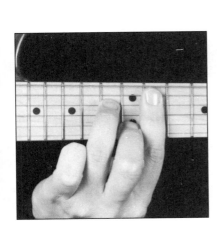

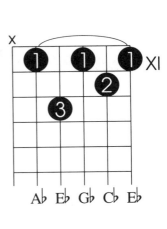

A♭ E♭ G♭ C♭ E♭ — XI

A♭ A♭m(maj7)

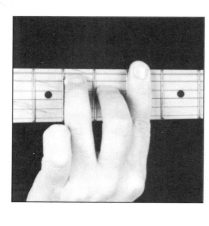

A♭ E♭ G C♭ E♭ A♭   IV

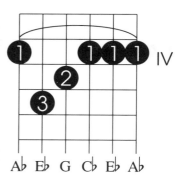

X X

A♭ E♭ G C♭   VI

A♭m9

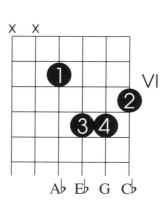

X

C♭ G♭ B♭ E♭ A♭

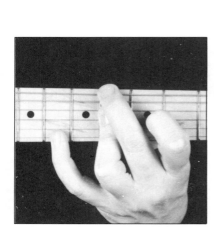

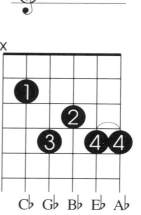

X

A♭ G♭ C♭ E♭ B♭   IV

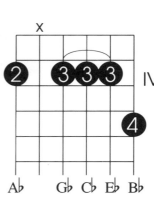

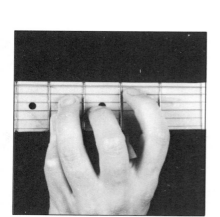

A♭m11

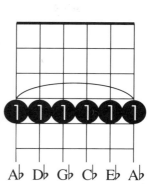

A♭ D♭ G♭ C♭ E♭ A♭

XI

A♭ D♭ G♭ C♭ E♭

A♭m13

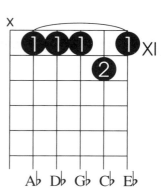

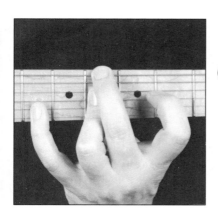

IV

A♭   G♭ C♭ F

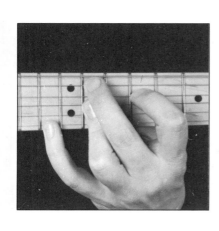

IX

A♭ C♭ G♭ B♭ F

A♭m7♭5

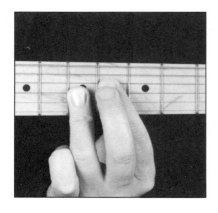

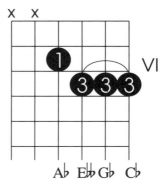

VI

A♭ E♭♭ G♭ C♭

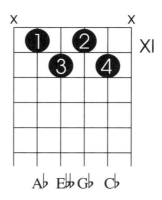

XI

A♭ E♭♭ G♭ C♭

A♭°7

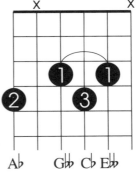

A♭   G♭♭ C♭ E♭♭

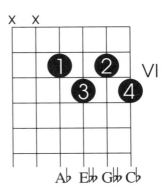

VI

A♭ E♭♭ G♭♭ C♭

A♭7

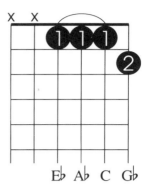

E♭ A♭ C G♭

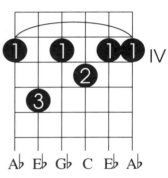

IV

A♭ E♭ G♭ C E♭ A♭

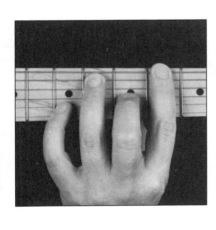
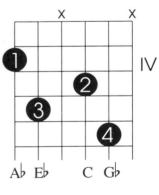

IV

A♭ E♭ C G♭

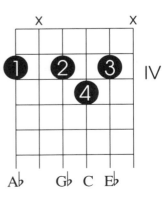

IV

A♭ G♭ C E♭

187

Ab7

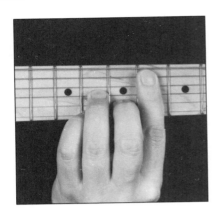

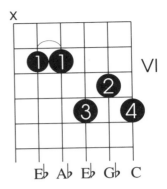

x

1 1

VI

2

3 4

Eb Ab Eb Gb C

x

1 1 1 XI

3 4

Ab Eb Gb C Eb

Ab7sus4

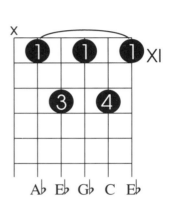

x x

1 1

3 3

Eb Ab Db Gb

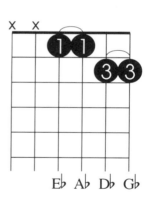

1 1 1 1 IV

3 4

Ab Eb Gb Db Eb Ab

Ab7b5

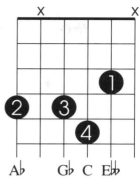

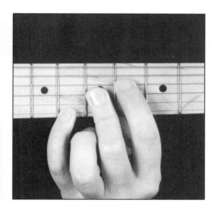

Ab Gb C Ebb

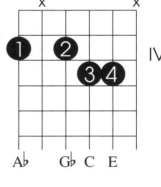

VI

Ab Ebb Gb C

Ab7#5

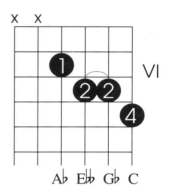

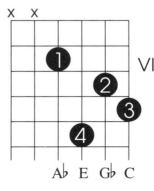

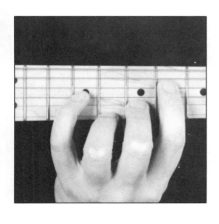

Ab Gb C E

IV

VI

Ab E Gb C

Ab9

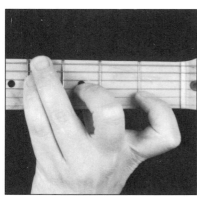

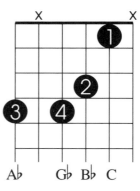

Ab   Gb Bb C

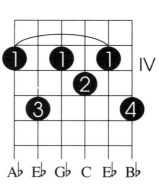

IV

Ab Eb Gb C Eb Bb

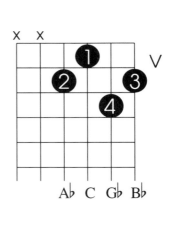

V

Ab C Gb Bb

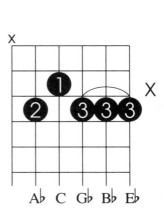

X

Ab C Gb Bb Eb

Ab9sus4

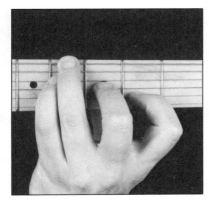

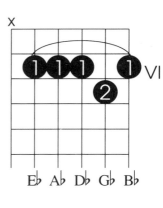

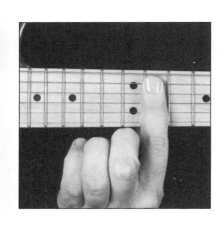

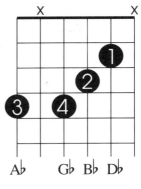

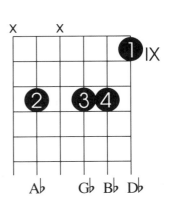

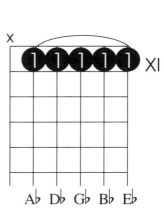

Ab9b5

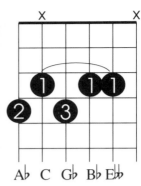

Ab C Gb Bb Ebb

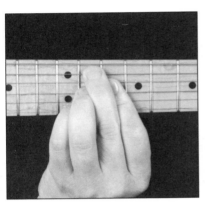

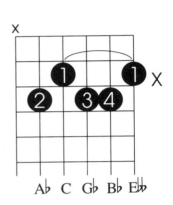

Ab C Gb Bb Ebb

Ab9#5

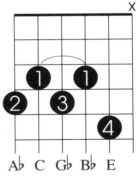

Ab C Gb Bb E

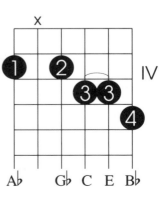

Ab Gb C E Bb

Ab13

Ab Gb Bb C F

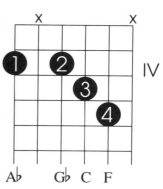

IV

Ab Gb C F

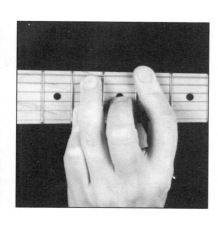

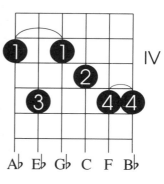

IV

Ab Eb Gb C F Bb

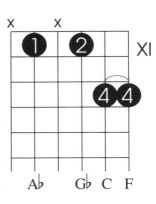

XI

Ab Gb C F

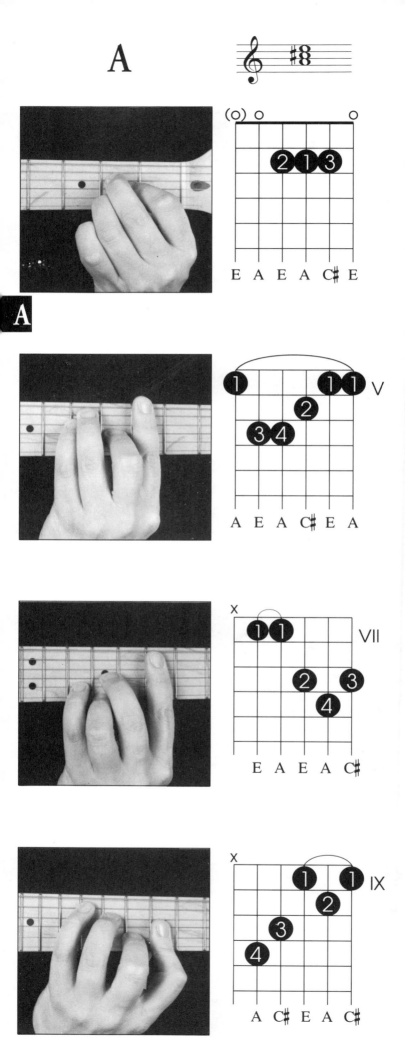

A

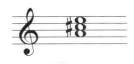

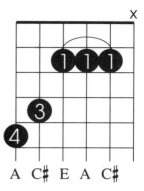

A C# E A C#

A

VII

C# A E A

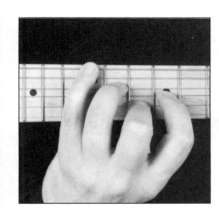
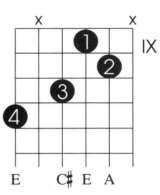

IX

E C# E A

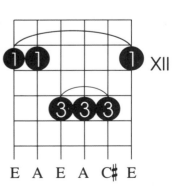

XII

E A E A C# E

A6

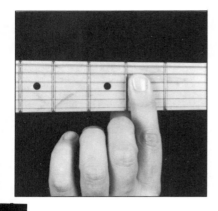

(o) o

E A E A C# F#

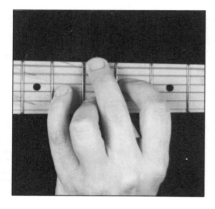

x   x

IV

A   F# C# E

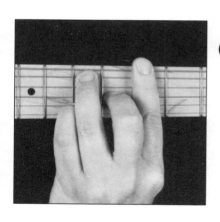

x

V

A E   C# F# A

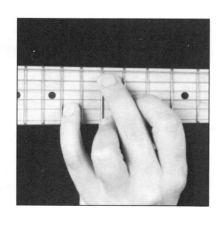

x   x

XI

A   F# C# E

196

Asus4

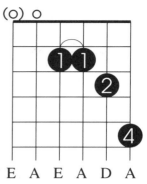

(o) o

E A E A D A

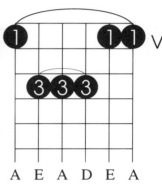

V

A E A D E A

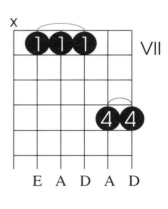

x

VII

E A D A D

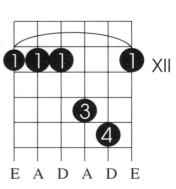

XII

E A D A D E

A6/9

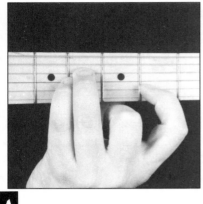

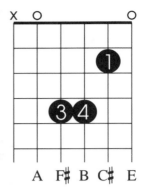

A F# B C# E

A

A B E A C# F#

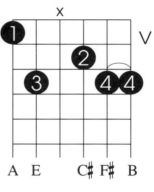

A E C# F# B

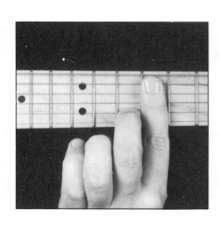

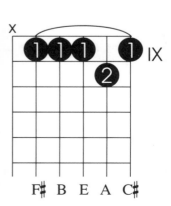

F# B E A C#

Amaj7

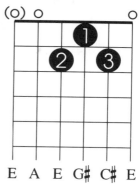

E A E G# C# E

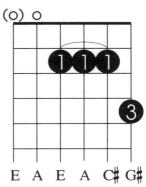

E A E A C# G#

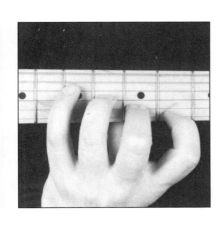

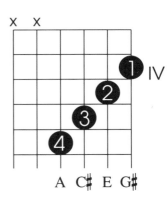

IV

A C# E G#

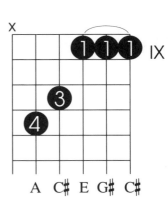

IX

A C# E G# C#

199

Amaj9

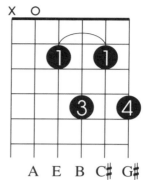

A E B C# G#

A G# C# B

V

Amaj13

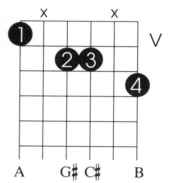

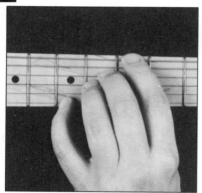

E A E G# C# F#

(O) O

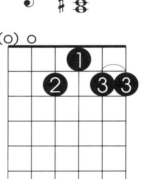

A C# F# B E G#

IV

Am

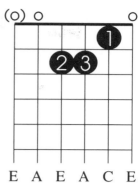

(O)   o   o

E A E A C E

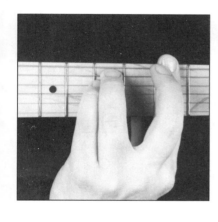

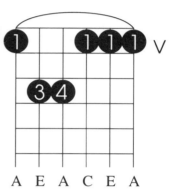

V

A E A C E A

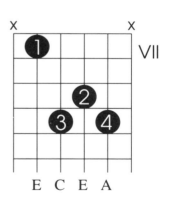

X   X

VII

E C E A

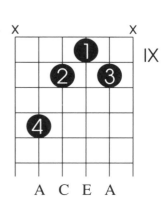

X   X

IX

A C E A

Am

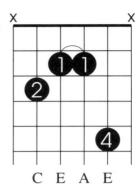

C E A E

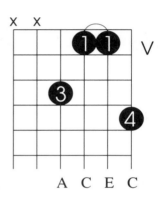

V

A C E C

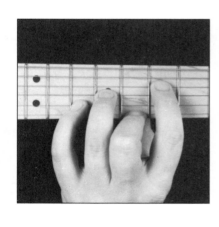

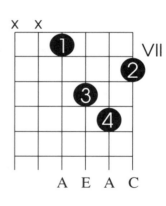

VII

A E A C

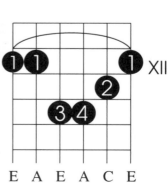

XII

E A E A C E

Am6

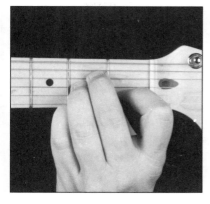

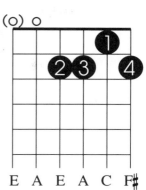

E A E A C F#

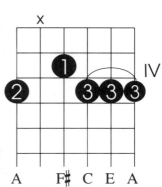

IV

A F# C E A

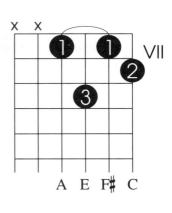

VII

A E F# C

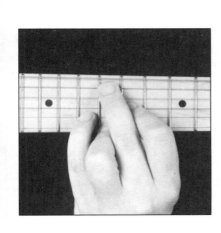

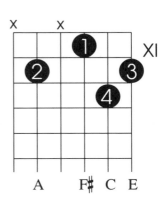

XI

A F# C E

203

Am7

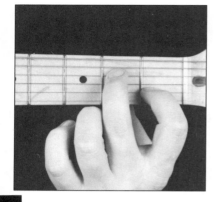

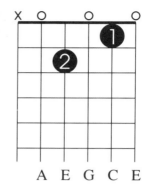

X   O   O   O

A E G C E

A

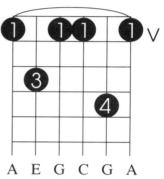

A E G C G A

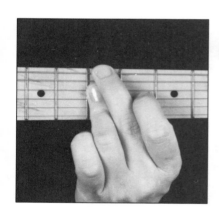

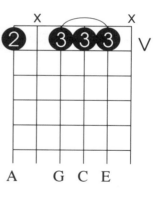

X   X

A   G C E

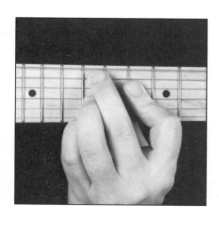

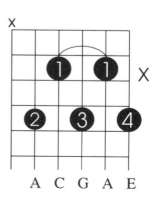

X

A C G A E

Am(maj7)

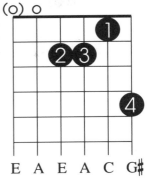

E A E A C G#

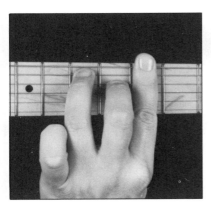

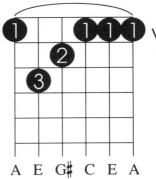

A E G# C E A

Am9

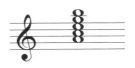

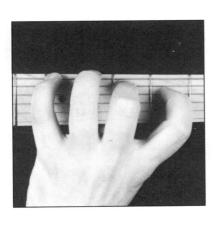

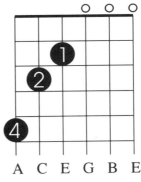

A C E G B E

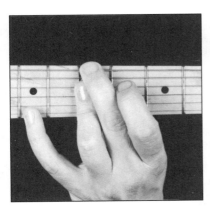

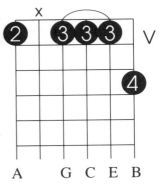

A G C E B

Am11

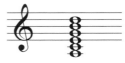

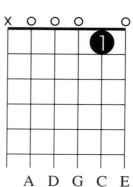

X O O O O

A D G C E

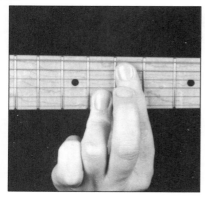

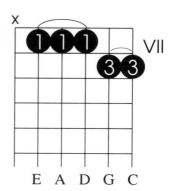

X   VII

E A D G C

Am13

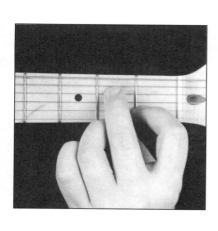

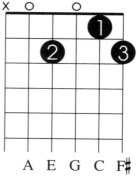

X O O

A E G C F#

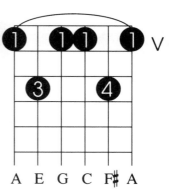

V

A E G C F# A

Am7♭5

A   E♭   A   C   G

VII

A   E♭   G   C

A°7

A   E♭   A   C   G♭

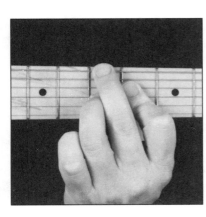

IV

A   G♭   C   E♭

A7

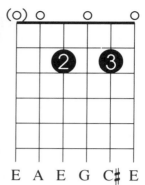

(o) o   o   o

② ③

E A E G C♯ E

A

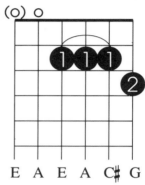

(o) o

① ① ①
②

E A E A C♯ G

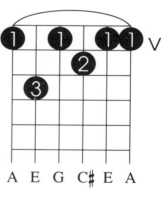

① ① ① ① ① V
②
③

A E G C♯ E A

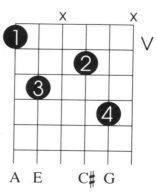

x   x
①   V
②
③
④

A E   C♯ G

A7

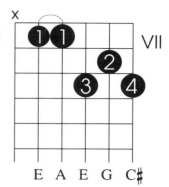

E A E G C#

A

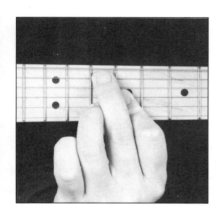

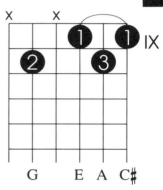

G E A C#

A7sus4

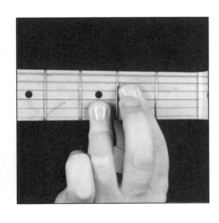

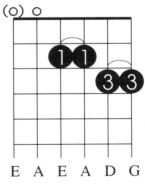

E A E A D G

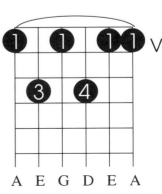

A E G D E A

A7♭5

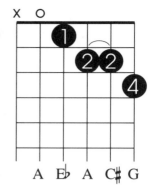

A E♭ A C♯ G

A

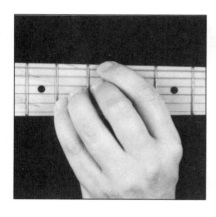

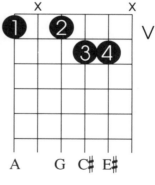

VI

E♭ A C♯ G

A7♯5

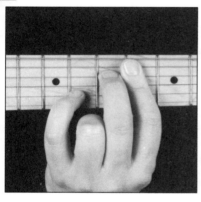

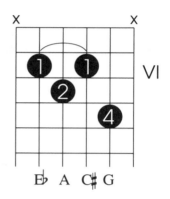

V

A   G C♯ E♯

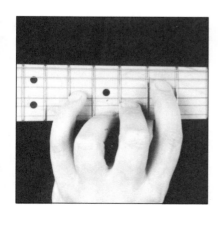

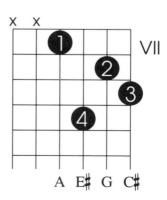

VII

A E♯ G C♯

210

A9

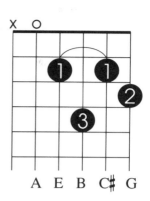

X O

A E B C♯ G

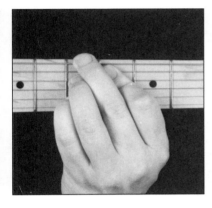

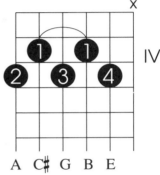

X

IV

A C♯ G B E

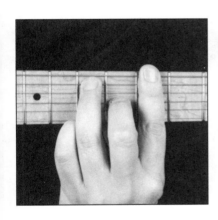

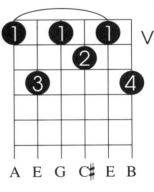

V

A E G C♯ E B

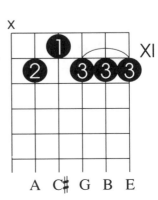

X

XI

A C♯ G B E

A9sus4

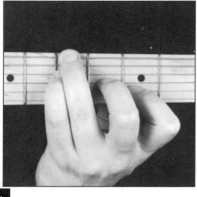

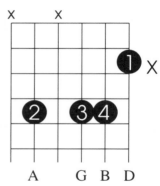

A G B D

A

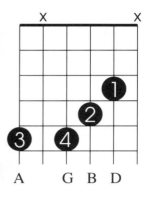

A G B D

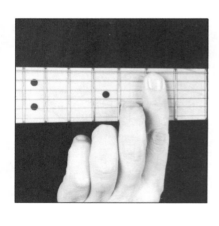

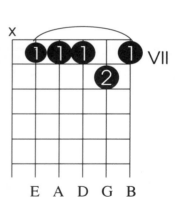

E A D G B

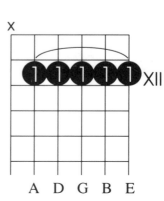

A D G B E

A9♭5

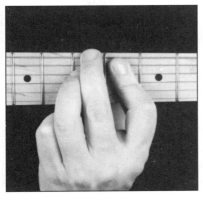

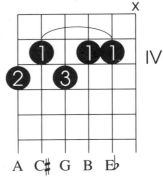

A   C♯   G   B   E♭

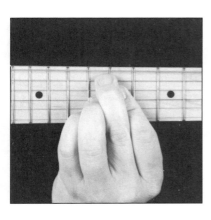

A   C♯   G   B   E♭

A

A9♯5

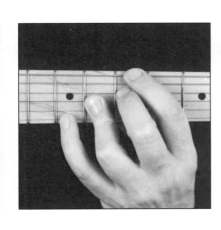

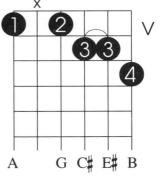

A   G   C♯   E♯   B

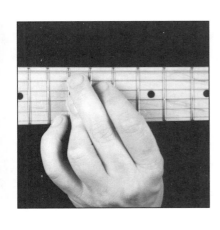

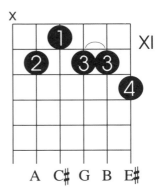

A   C♯   G   B   E♯

A13

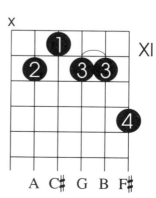

A

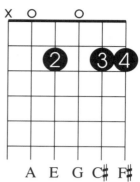

x   o   o

A E G C# F#

x (o)

A G A C# F#

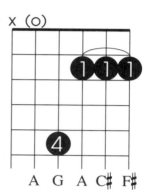

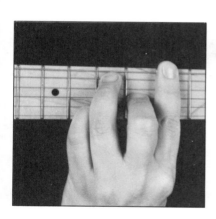

A E G C# F# A   V

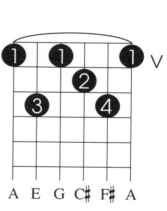

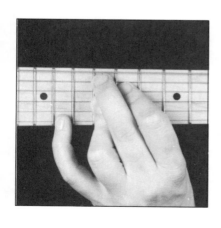

x

A C# G B F#   XI

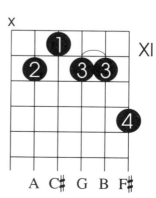

B♭

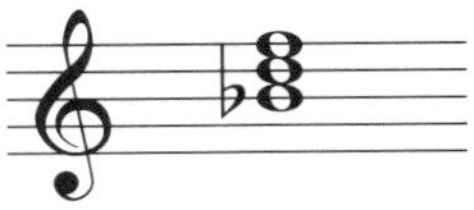

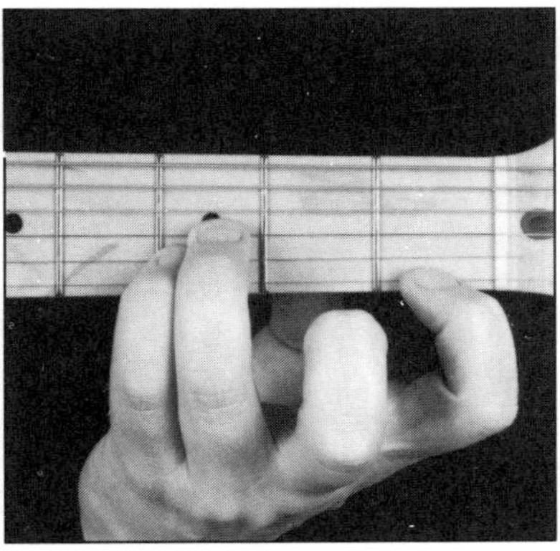

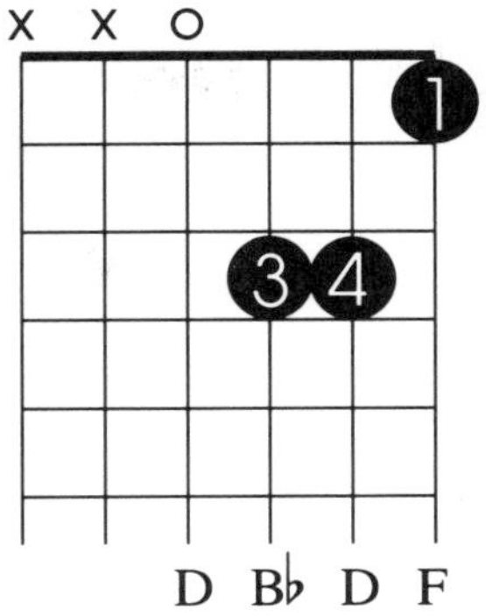

X X O
D B♭ D F

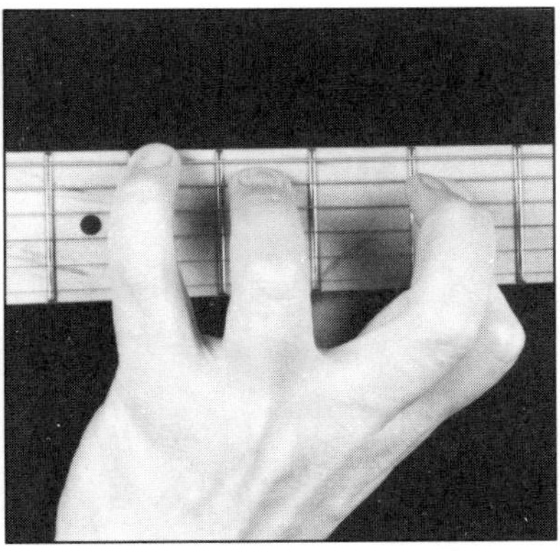

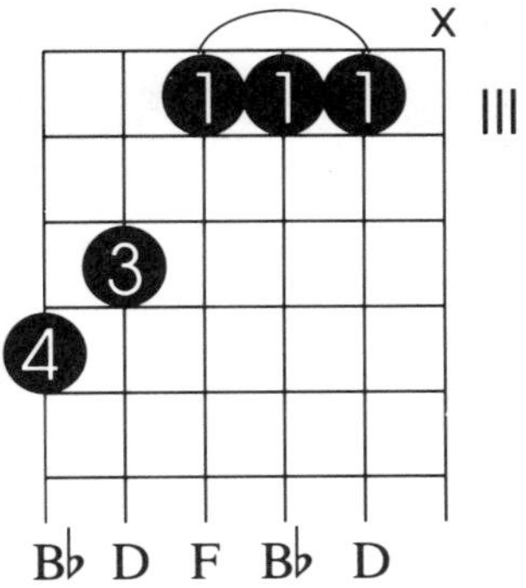

III
B♭ D F B♭ D

B♭

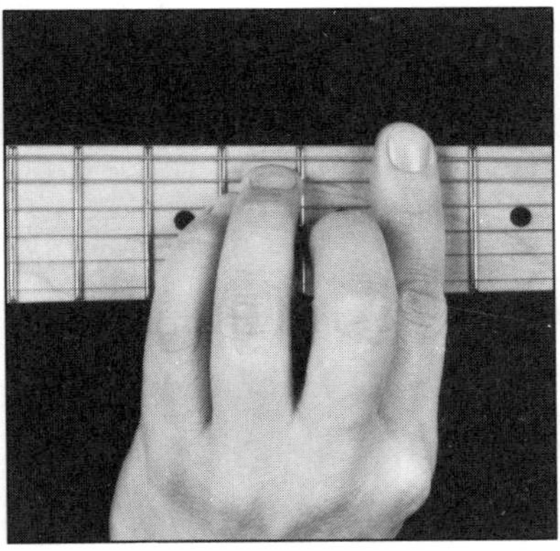

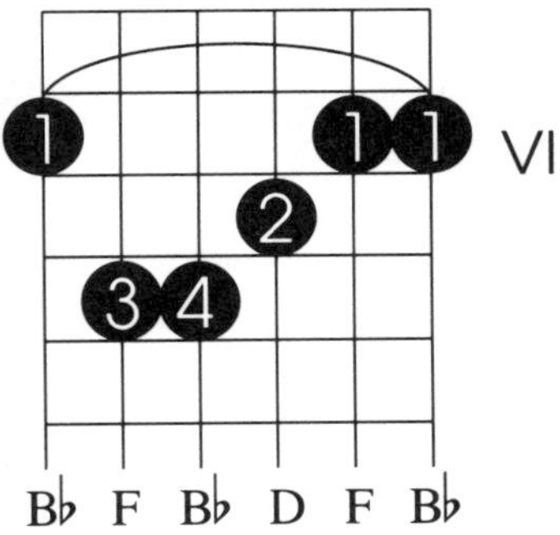

VI
B♭ F B♭ D F B♭

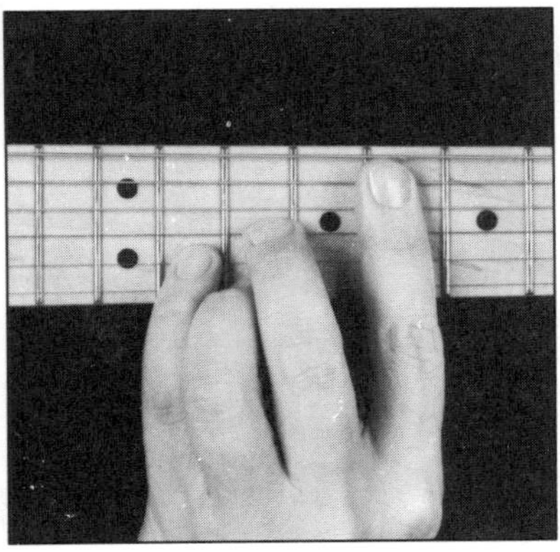

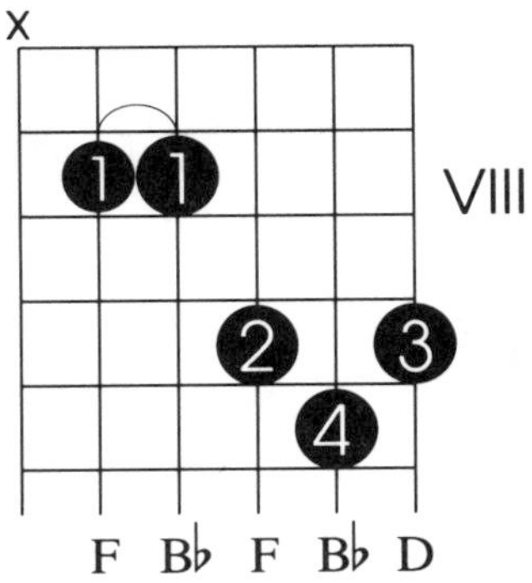

X
VIII
F B♭ F B♭ D

215

B♭

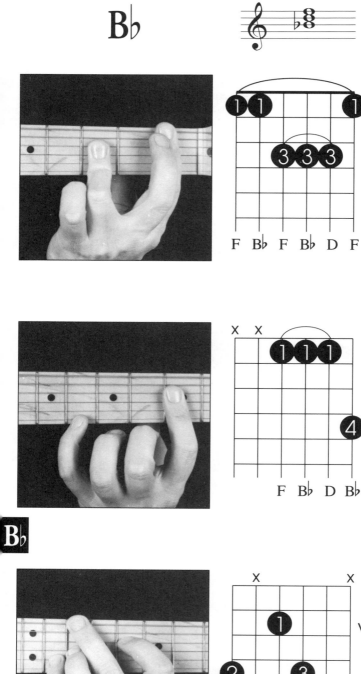

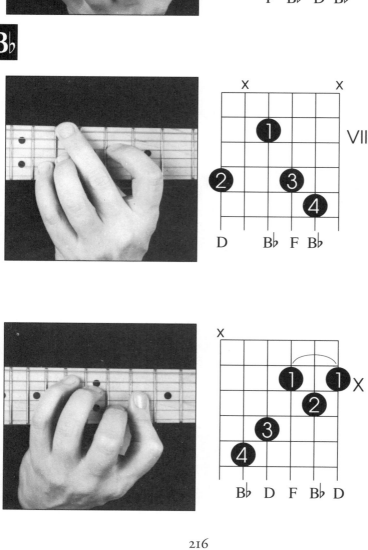

B♭sus4

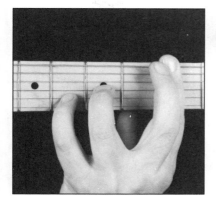

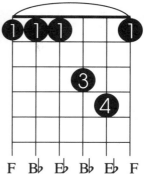

F B♭ E♭ B♭ E♭ F

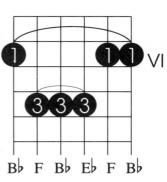

VI

B♭ F B♭ E♭ F B♭

B♭

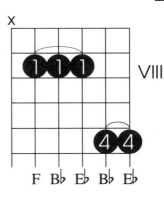

X

VIII

F B♭ E♭ B♭ E♭

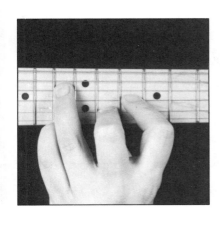

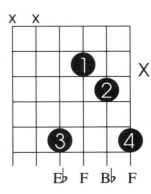

X X

X

E♭ F B♭ F

B♭6

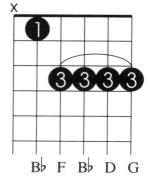

Bb F Bb D G

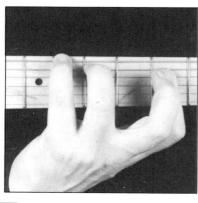

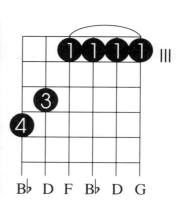

III

Bb D F Bb D G

B♭

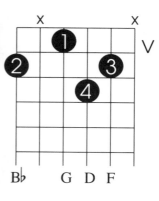

V

Bb G D F

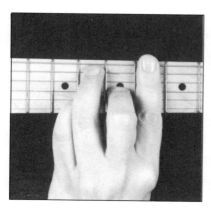

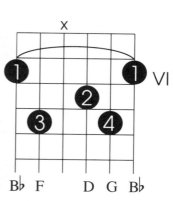

VI

Bb F D G Bb

Bb6/9

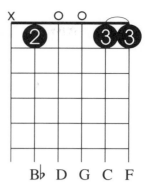

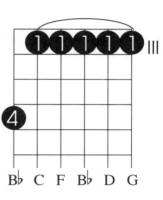

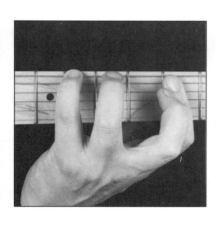

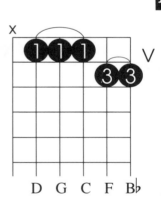

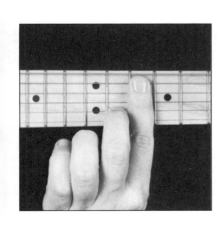

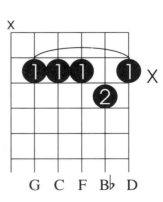

Bb

B♭maj7

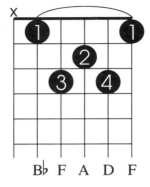

B♭ F A D F

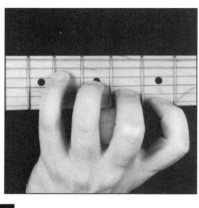

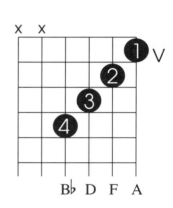

V

B♭ D F A

B♭

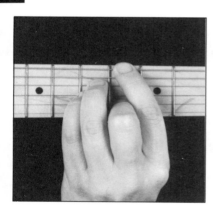

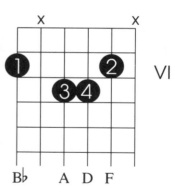

VI

B♭ A D F

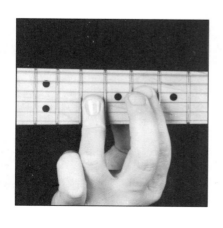

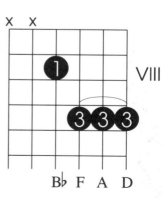

VIII

B♭ F A D

B♭maj9

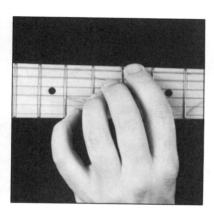

B♭ D A C F

VI

B♭   A D   C

B♭maj13

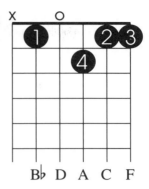

B♭

B♭   A D G

VI

B♭   A D G C

Bbm

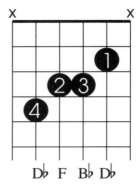

Db F Bb Db

III

F Db F Bb

Bb

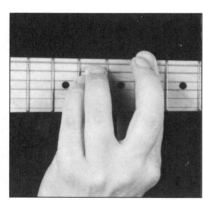

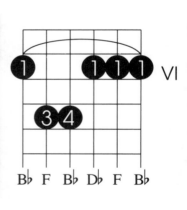

VI

Bb F Bb Db F Bb

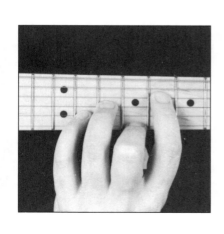

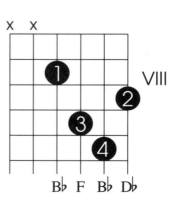

VIII

Bb F Bb Db

222

B♭m

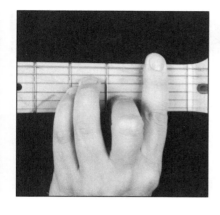

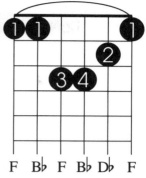

F B♭ F B♭ D♭ F

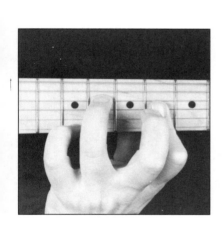

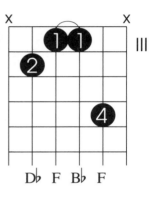

III

D♭ F B♭ F

B♭

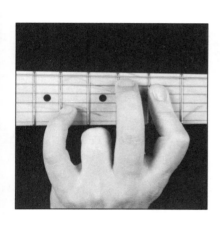

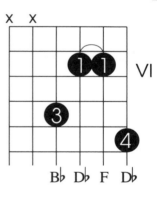

VI

B♭ D♭ F D♭

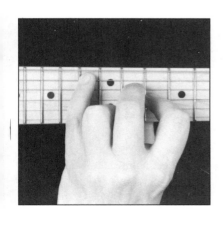

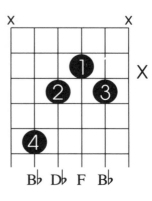

X

B♭ D♭ F B♭

223

B♭m6

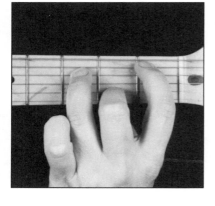

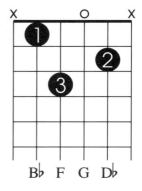

X   O   X

B♭ F G D♭

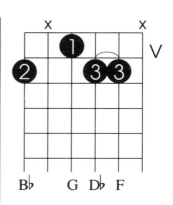

X   X   V

B♭   G D♭ F

B♭

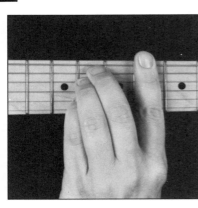

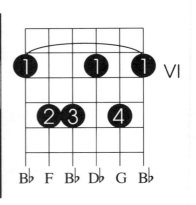

VI

B♭ F B♭ D♭ G B♭

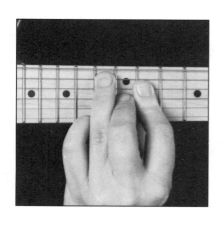

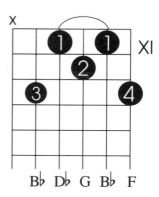

X   XI

B♭ D♭ G B♭ F

B♭m7

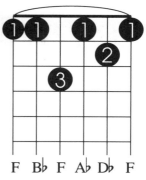

F B♭ F A♭ D♭ F

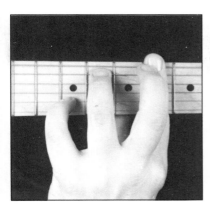

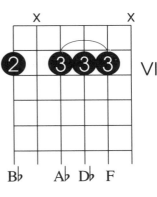 VI

B♭ F A♭ D♭ A♭ B♭

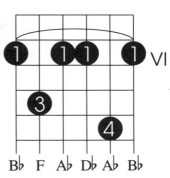 VI

B♭   A♭ D♭ F

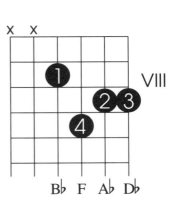 VIII

B♭ F A♭ D♭

B♭m(maj7)

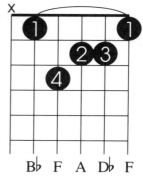

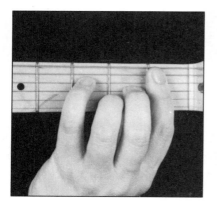

B♭ F A D♭ F

VIII

B♭ F A D♭

B♭m9

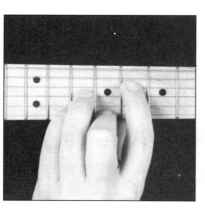

VI

B♭ A♭ D♭ F C

XI

B♭ D♭ A♭ C

B♭m11

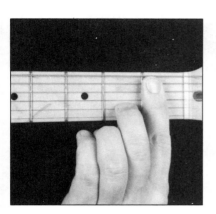

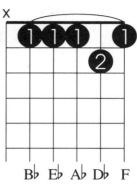

B♭ E♭ A♭ D♭ F

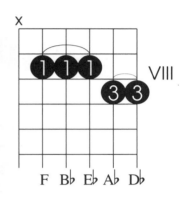

VIII

F B♭ E♭ A♭ D♭

B♭m13

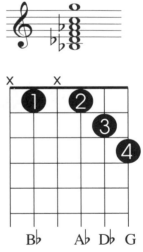

B♭   A♭ D♭ G

B♭

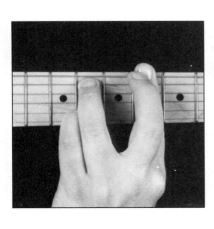

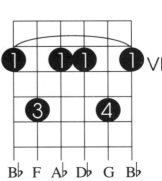

VI

B♭ F A♭ D♭ G B♭

B♭m7♭5

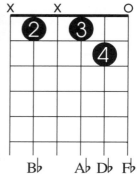

B♭   A♭ D♭ F♭

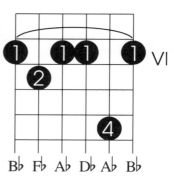

B♭ F♭ A♭ D♭ A♭ B♭   VI

B♭°7

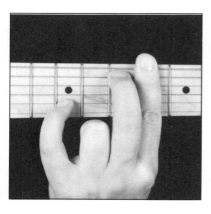

B♭ F♭ A♭♭ D♭

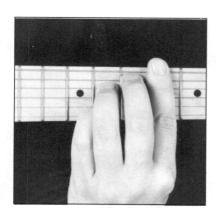

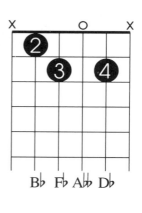

B♭ F♭ B♭ D♭ A♭♭ B♭   VI

B♭7

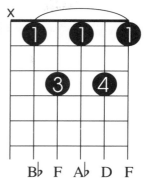

B♭ F A♭ D F

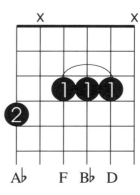

A♭   F B♭ D

B♭

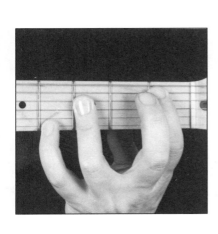

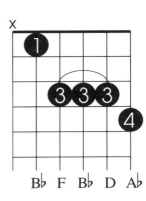

B♭ F B♭ D A♭

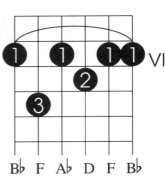

VI

B♭ F A♭ D F B♭

Bb7

VI

Bb F   D Ab

VIII

F Bb F Ab D

Bb Bb7sus4

F Bb Eb Ab

VIII

Bb F Ab Eb

Bb7b5

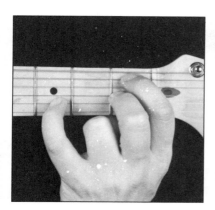

Bb D Ab D Fb

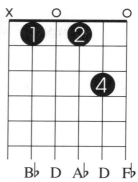

VIII

Bb Fb Ab D

Bb7#5

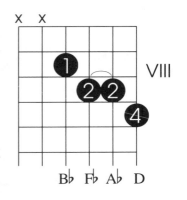

Bb Ab D F#

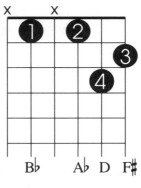

VI

Bb Ab D F#

231

Bb9

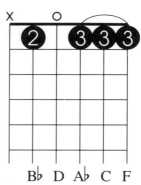

X   O

Bb   D   Ab   C   F

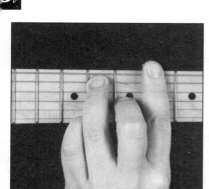

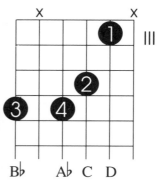

X   X

III

Bb   Ab   C   D

Bb

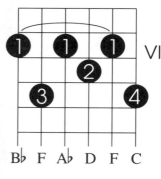

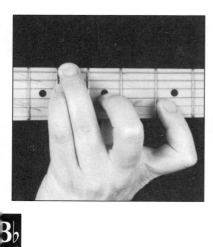

VI

Bb   F   Ab   D   F   C

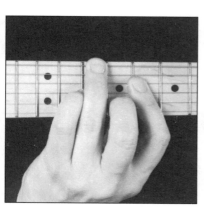

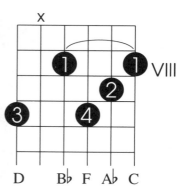

X

VIII

D   Bb   F   Ab   C

Bb9sus4

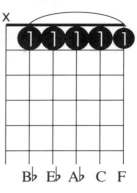

Bb Eb Ab C F

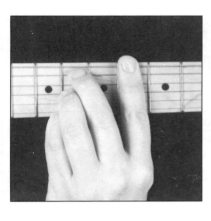

Bb F Ab Eb F C   VI

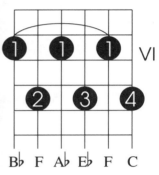

Bb

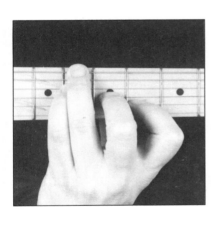

Bb Ab C Eb   IV

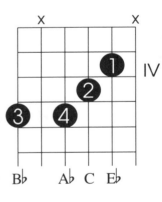

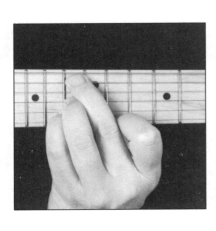

Bb Ab C Eb   XI

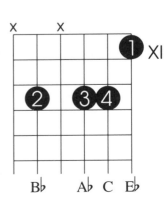

233

Bb9b5

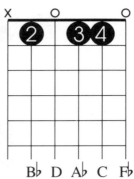

Bb D Ab C Fb

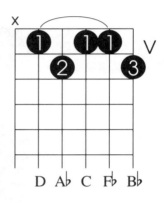

D Ab C Fb Bb   V

Bb9#5

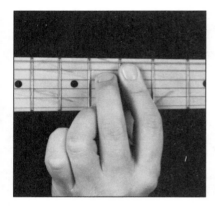

Bb D Ab C F#

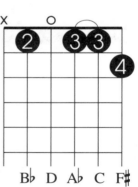

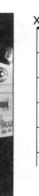

Bb D Ab C F#

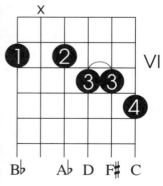

Bb   Ab D F# C   VI

Bb13

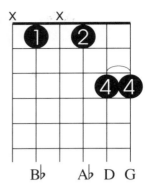

Bb   Ab   D   G

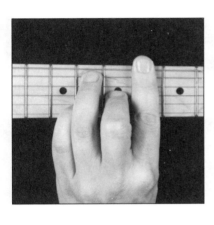

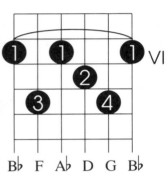

VI

Bb   F   Ab   D   G   Bb

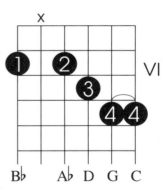

VI

Bb   Ab   D   G   C

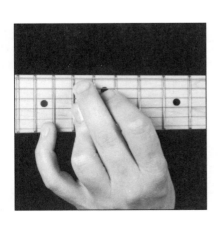

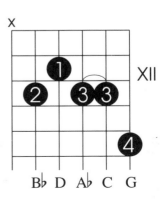

XII

Bb   D   Ab   C   G

B

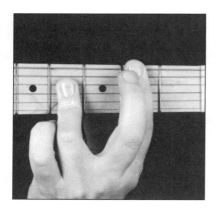

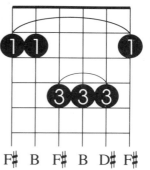

F# B F# B D# F#

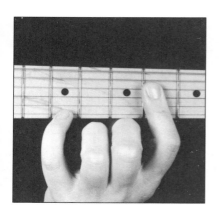

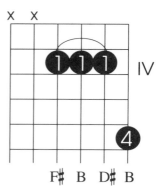

IV

F# B D# B

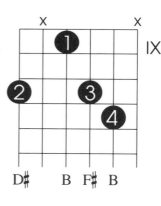

IX

D# B F# B

B

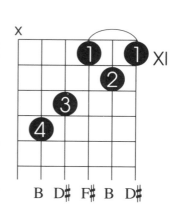

XI

B D# F# B D#

B

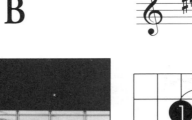

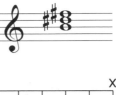

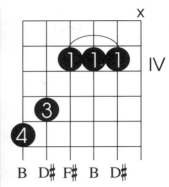

IV

B D# F# B D#

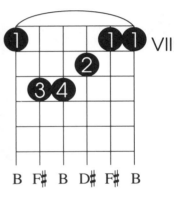

VII

B F# B D# F# B

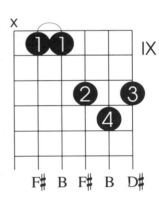

IX

F# B F# B D#

B

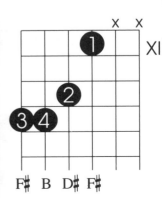

XI

F# B D# F#

237

Bsus4

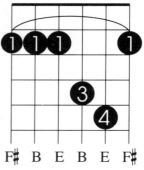

F# B E B E F#

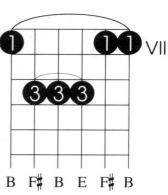

B F# B E F# B VII

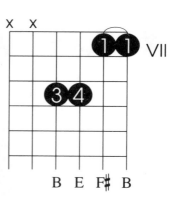

X X

B E F# B VII

B

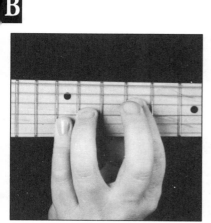

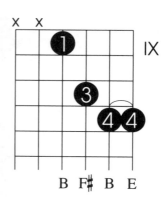

X X

IX

B F# B E

B6

F# B D# G# B

B F# B D# G#

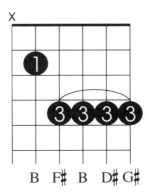

VI

B G# D# F#

B

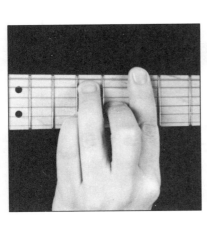

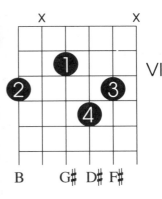

VII

B F# D# G# B

239

B6/9

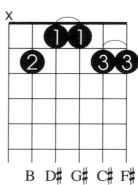

B D# G# C# F#

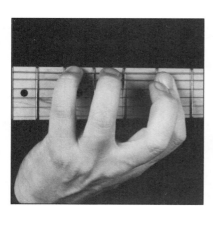

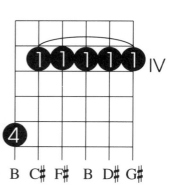

IV

B C# F# B D# G#

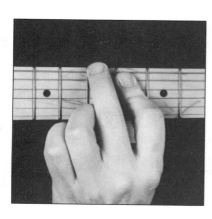

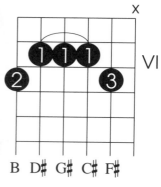

VI

B D# G# C# F#

B

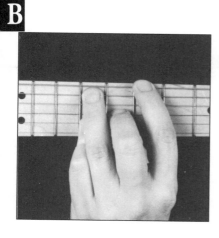

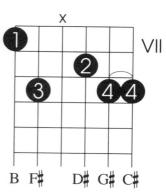

VII

B F# D# G# C#

Bmaj7

F# B D# A# B

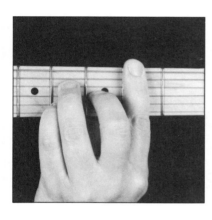

F# B F# A# D# F#

B D# F# A#

VI

B

B A# D# F#

VII

241

Bmaj9

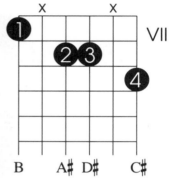

B D# A# C# F#

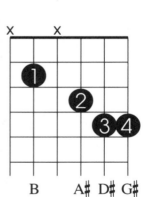

VII

B A# D# C#

Bmaj13

B A# D# G#

B

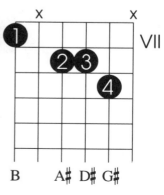

VII

B A# D# G#

Bm

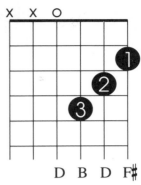

x x o

D B D F#

x x

III

D F# B D

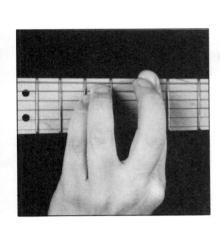

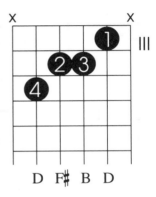

VIII

B F# B D F# B

B

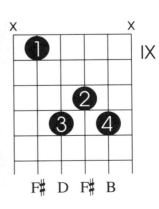

x x

IX

F# D F# B

243

Bm

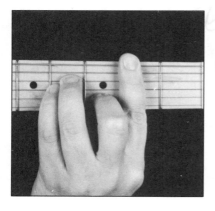

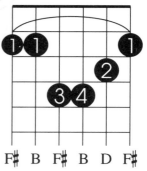

F# B F# B D F#

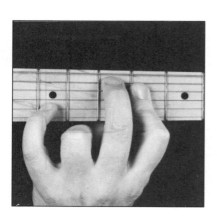

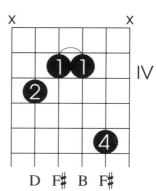

IV

D F# B F#

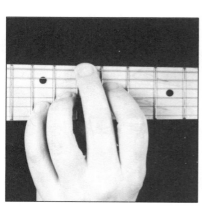

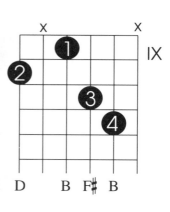

IX

D B F# B

B

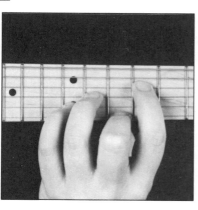

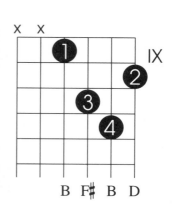

IX

B F# B D

Bm6

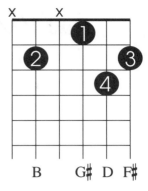

B   G# D F#

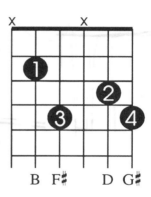

B F#   D G#

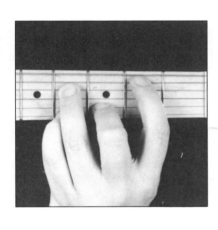

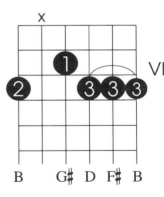

VI

B   G# D F# B

B

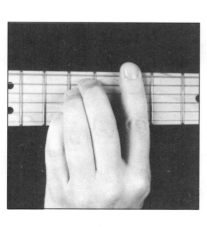

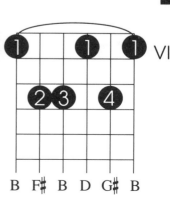

VII

B F# B D G# B

245

Bm7

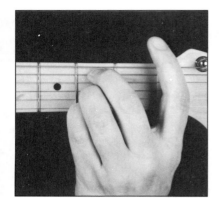

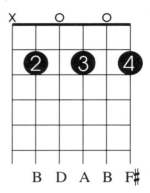

B D A B F#

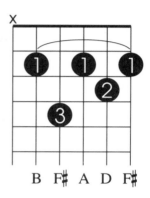

B F# A D F#

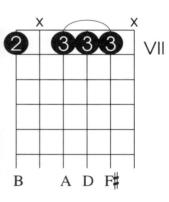

VII

B   A D F#

B

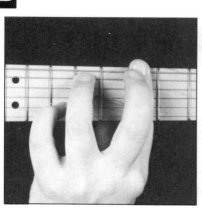

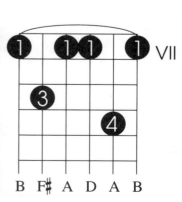

VII

B F# A D A B

Bm(maj7)

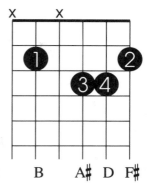

x   x

B   A♯ D F♯

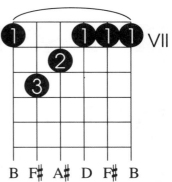

VII

B F♯ A♯ D F♯ B

Bm9

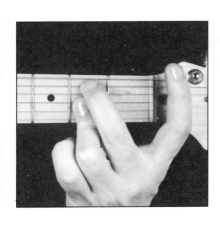

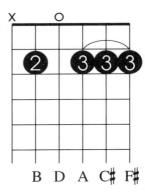

x   o

B D A C♯ F♯

B

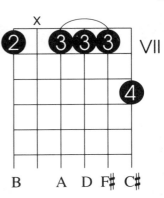

x

VII

B A D F♯ C♯

247

Bm11

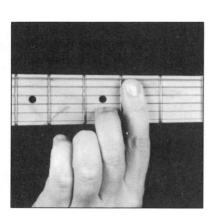

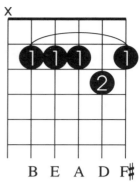

B E A D F#

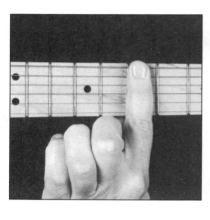

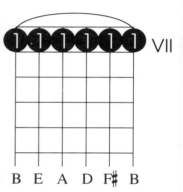

B E A D F# B — VII

Bm13

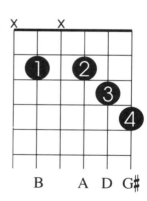

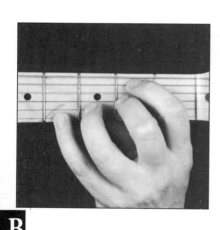

B   A D G#

B

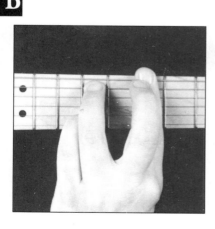

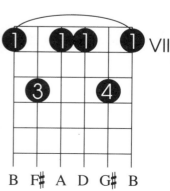

B F# A D G# B — VII

248

Bm7♭5

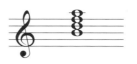

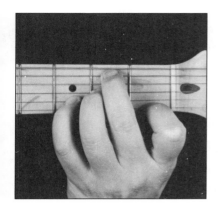

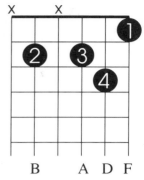

x x

① ② ③ ④

B A D F

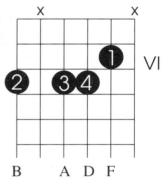

x x

① ② ③ ④ VI

B A D F

B°7

x x

① ② ③ ④

B F A♭ D

B

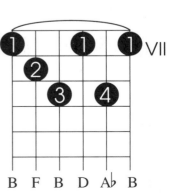

① ① ① VII ② ③ ④

B F B D A♭ B

B7

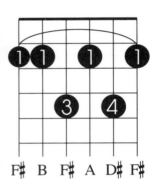

F♯ B D♯ A B F♯

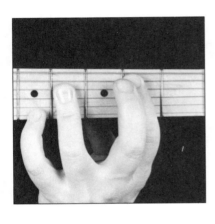

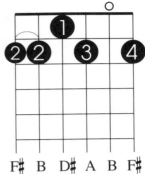

B F♯ B D♯ A

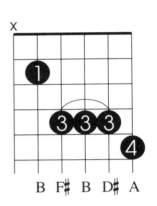

F♯ B F♯ A D♯ F♯

B

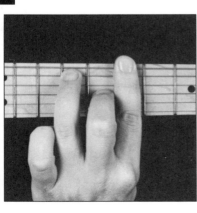

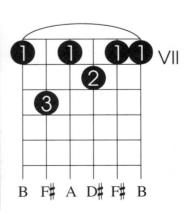

VII

B F♯ A D♯ F♯ B

B7

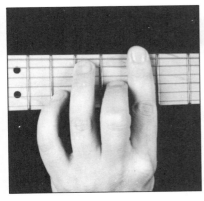

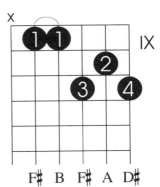

B F# A D# A B

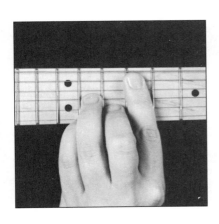

F# B F# A D#

B7sus4

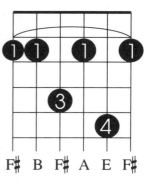

F# B F# A E F#

B

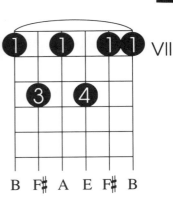

B F# A E F# B

B7♭5

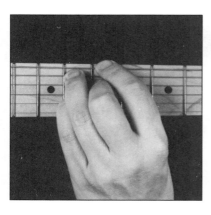

| B | F | A | D♯ |

| B | F | A | D♯ |

VII

B7♯5

| B | D♯ | A | B | F× |

B

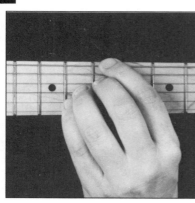

| B | | A | D♯ | F× |

VII

B9

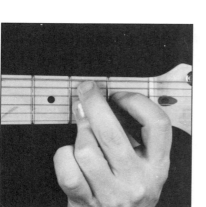

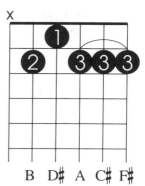

B D# A C# F#

IV

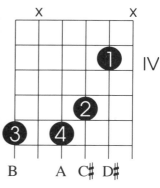

B   A C# D#

VI

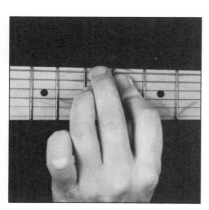

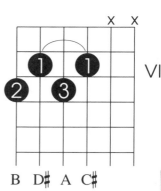

B D# A C#

B

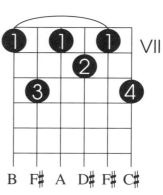

VII

B F# A D# F# C#

B9sus4

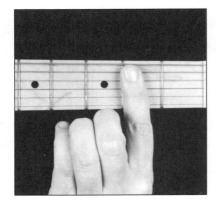
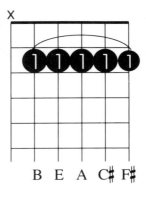

B E A C# F#

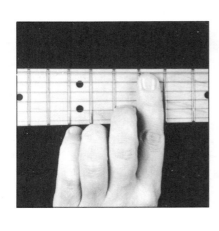
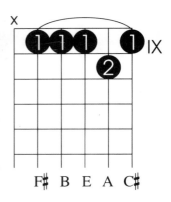

IX

F# B E A C#

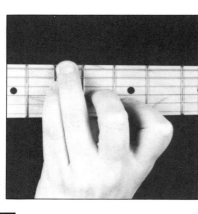
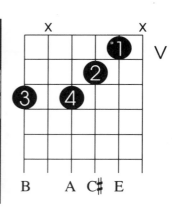

V

B A C# E

B

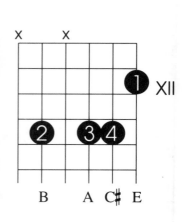

XII

B A C# E